Kaffee

Melanie Koßmann, Yürgen Oster

AF176203

KAFFEE

MELANIE KOßMANN UND YÜRGEN OSTER

Capt. Swings
Geheime Bibliothek

Bibliografische Information der Deutschen Nationalbibliothek Die Deutsche Nationalbibliothek verzeichnet diese Publikation in der Deutschen Nationalbibliografie; detaillierte bibliografische Daten sind im Internet über www.dnb.de abrufbar.

© 2022 by Melanie Koßmann, Yürgen Oster
Herstellung und Verlag:
BoD – Books on Demand, Norderstedt
ISBN 9783756838738

Umschlag und Illustrationen Moonroot

INHALT

Dank an die Ziegen und Mönche 6

Geschichte 8

Anbaugebiete 10

Anbau und Ernte 14

Der grüne Kaffee 18

Der braune Kaffee 25

Kaffeezubereitung 31

Espresso 49

Französischer Kaffee 54

Österreichischer Kaffee 54

Indonesischer Kaffee 58

Amerikanischer Kaffee 60

Brasilianischer Kaffee 61

Senegalesischer Kaffee 62

Indischer Kaffee 63

Heiße Kaffeemischungen ohne Alkohol 64

Heiße Kaffeemischungen mit Alkohol 67

Eisgekühlte Kaffeemischungen ohne Alkohol 75

Eisgekühlte Kaffeemischungen mit Alkohol 81

Dessert 83

Gebäck & Pralines 93

Kuchen 103

Liköre 108

Speisen 110

Kosmetik mit Kaffee 120

DANK AN DIE ZIEGEN UND MÖNCHE

Einer Legende nach findet die Kaffeepflanze ihren Ursprung in Abessinien, dem heutigen Äthiopien.

Es war um das Jahr 850, als es einem Hirtenknaben auffiel, dass seine Ziegen lebhafter herumsprangen, nachdem sie Beeren von einem Strauch gefressen hatten. Er erzählte es den Mönchen, in deren Dienst er stand. Die Mönche kosteten die Beeren, doch der Geschmack war ihnen zu bitter. Als sie die Kirschen ins Feuer warfen, verströmten diese einen anregenden Duft. Mit den nun gerösteten Bohnen bereiteten die Mönche einen Aufguss zu. Als sie merkten, dass ihnen der Genuss des neuen Getränkes half, während der nächtlichen Gebete wach zu bleiben, sahen sie es als ein Geschenk Gottes an.

So oder ähnlich wird die Legende über die Entdeckung des Kaffees erzählt. Erwiesen scheint, dass die äthiopische Region Kaffa das Ursprungsgebiet der Kaffeepflanze ist.

Nachweislich wurde schon im 9. Jahrhundert dort Kaffee getrunken. Immer noch wird der aus Äthiopien kommende Kaffee von Kennern geschätzt. Es gibt unterschiedliche Sorten, deren Aromen variieren. Gemeinsam ist allen eine harmonischen Kombination von Süße und Säure. Neben den großen Plantagen wird Kaffee auch in sogenannten Waldgärten geerntet, die naturbelassen sind und in denen die Pflanzen wild wachsen.

Eine Besonderheit der äthiopischen Kaffeezubereitung ist die Buna. Dabei wird die grüne Bohne über Weihrauch geröstet und drei Mal aufgebrüht.

Kaffee ist noch immer ein wichtiger Wirtschaftsfaktor Äthiopiens. Der Export bringt ca. 60% der Staatseinnahmen. Ungefähr 15 Millionen Menschen des Landes leben vom Kaffeeanbau.

GESCHICHTE

Schauen wir uns nun an, wie sich das Getränk verbreitet hat. Wenn wir den überlieferten Aufzeichnungen folgen, kam der Kaffee vermutlich erst im 14. Jahrhundert von Äthiopien auf die südliche Arabische Halbinsel. Da die Früchte auf dem Weg rasch verdarben, versuchten die Händler, Kaffeepflanzen im eigenen Land anzubauen. Mit dem Kaffeehandel hatte Südarabien ein Monopol. Zentrum des Handels war die Hafenstadt Mocha, auch Mokka gesprochen, heutzutage al-Mukha im Jemen. Daher rührt auch der arabische Namen für das schwarze Getränk.

Von dort breitete sich Kaffee im islamischen Reich langsam aus. Es gab allerdings auch Rückschläge, denn das Getränk war lange Zeit dem Klerus ein Dorn im Auge. Ab 1510 eröffneten in Mekka die ersten Kaffeehäuser, die aber bald wieder kurzzeitig geschlossen wurden. Anfang des 17. Jahrhunderts, nachdem sich Kaffee auch im osmanischen Reich verbreitet hatte und es in Istanbul schon die ersten Kaffeehäuser gab, wurden die Kaffeetrinker unter Murad IV verfolgt und Kaffee verboten. Erst ab 1840 wurde der Kaffee in der Türkei endgültig legalisiert.

Parallel dazu trat der Kaffee seinen Siegeszug durch Europa an. Venezianische Händler brachten als Erste die Bohnen aus Arabien mit. 1645 wurde in Venedig ein Kaffeehaus eröffnet, es folgten Oxford und London. 1685 eröffnete der Armenier Johannes Theodat das erste Wiener Kaffeehaus und 1689 hatte dann auch Paris sein erstes Cafe.

Immer noch hielten die Araber das Monopol. Der Export fruchtbarer Bohnen war verboten, weshalb sie diese auch mit heißem Wasser übergossen, um sie unfruchtbar zu machen.

Die Niederländer importierten deshalb ganze Pflanzen. Zum Ende des 17. Jahrhundert wurden Plantagen in Indien und Indonesien angelegt. Im 18. Jahrhundert brachten sie den Kaffeeanbau nach Südamerika.

Der gesteigerte Anbau hat natürlich auch die Preise gedrückt. Was früher ein Luxusgetränk war, ist heute in aller Munde.

ANBAUGEBIETE

Heute ist Brasilien mit mehr als 34% der weltweit größte Produzent von Kaffee neben 40 weiteren Ländern. Dort werden auf über 300.000 Farmen vorwiegend Arabica Bohnen, aber auch 20% Robusta angebaut. Weit hinter Brasilien auf dem zweiten Platz liegt, und das hat mich überrascht, Vietnam. Hier sind die Bedingungen nicht so gut für Arabica, weshalb vorwiegend Robusta geerntet wird. Weitere bedeutende Anbaugebiete befinden sich in Äthiopien, Guatemala, Honduras, Indien, Indonesien, Kolumbien, Mexiko und Peru.

Die Kaffeepflanze stellt hohe Ansprüche an ihre Umgebung, wenn sie gedeihen soll. Höhenlage, Niederschlagsmenge, Bodenbeschaffenheit, Temperatur, das alles muss stimmen und leichte Unterschiede bedingen verschieden Geschmacksnoten. Kaffee ist so verschieden wie Wein. Anbaugebiete, Böden, Lagen, das alles macht viel aus. Was man im deutschen Supermarkt für wenig Geld bekommt, ist letztlich eine Pansche.

Die Anbaugebiete für unser Lieblingsgetränk reihen sich um den Äquator in den tropischen und subtropischen Zonen. Ausreichende Niederschläge, keine zu niedrigen Temperaturen sind ideal für den Strauch. Vorwiegend werden zwei Sorten angebaut, Arabica und Robusta. Erstere hat ungefähr 70% Marktanteil, Robusta die restlichen 30%. Die anderen ca. 60 Sorten sind so selten, dass sie für den Weltmarkt nicht ins Gewicht fallen.

Die Arabica Bohne gilt als sehr aromatisch, braucht eine Höhe zwischen 600 und 1200 Metern. In den höheren Lagen ist es kühler, weshalb die Kirschen länger zur Reife brauchen und dadurch ein feineres Aroma erhalten. Die Robusta ist schon mit 300 bis 800 Höhenmetern zufrieden, ihr Aroma ist kräftiger und wird gerne für Espresso verwendet oder der Arabica beigemischt, da von ihr die schöne Crema kommt.

Nun darf man nicht glauben, Robusta sei Robusta und Arabica sei Arabica. Das kann von Lage zu Lage sehr verschieden sein. Man sollte die verschiedenen Sorten und Anbaugebiete probieren, um den eigenen Geschmack zu finden.

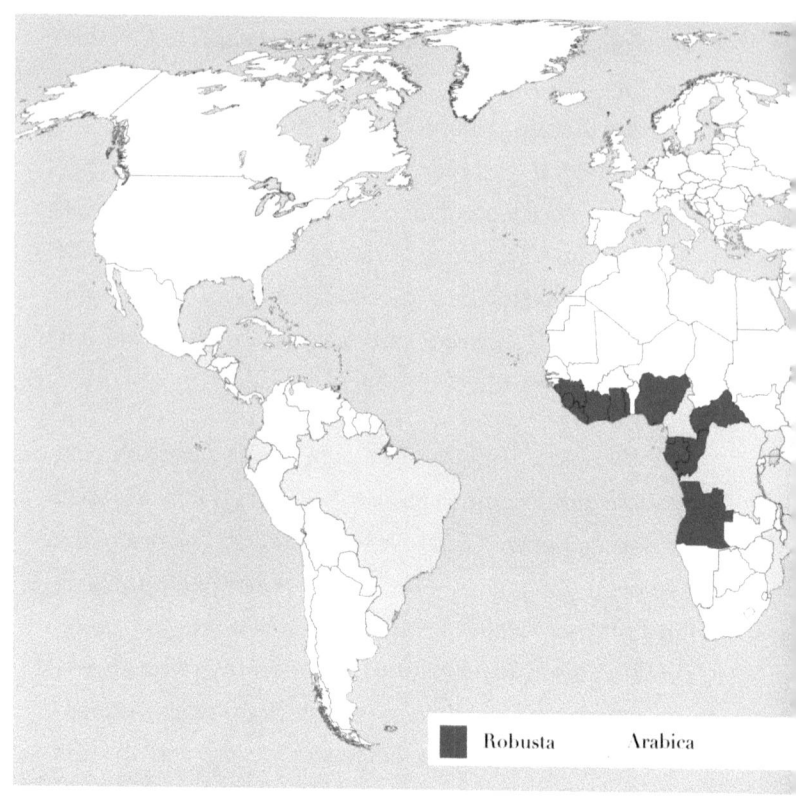

Robusta   Arabica

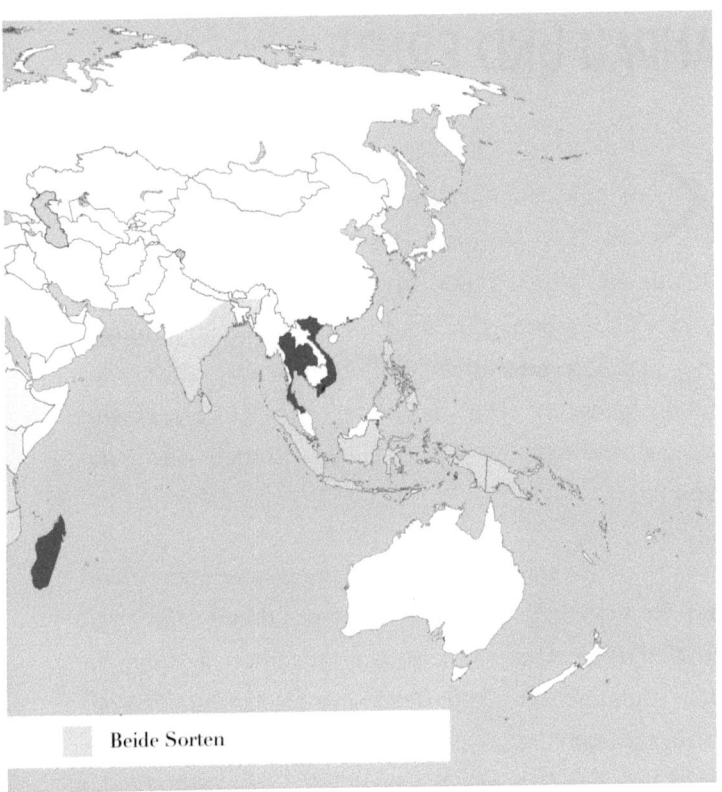

Beide Sorten

ANBAU UND ERNTE

Kaffeesträucher wachsen bis zu einer Höhe von 3,5 Metern. Die ursprünglichen wilden Sträucher gibt es nur in Äthiopien. Alle anderen sind Züchtungen, die dort ihren Ursprung haben. Die Früchte sind beerenartig, werden aber Kirschen genannt. Die Samen dieser Kirschen sind unsere Bohnen. In einer Frucht finden wir zwei Stück.

Die Bodenbeschaffenheit, die Sonnenstunden und die Regenmenge müssen stimmen, damit die empfindlichen Kaffeepflanzen gut gedeihen können. In den Anbaugebieten dürfen keine zu großen Temperaturschwankungen vorkommen, weder übers Jahr noch im Tag/Nacht Rhythmus. Ein ausgeglichenes Klima, weder zu heiß noch zu kalt, ausreichende Feuchtigkeit und viel Schatten sind ideal.

Deshalb werden kleinere Kaffeegärten an Hängen oder in Wäldern angepflanzt, die ausreichend Schatten spenden. In den Waldgärten schützen die Pflanzen sich gegenseitig vor Schädlingen, was den Einsatz von Pestiziden spart. In großen Plantagen wachsen die Sträucher unter großen, Schatten spendenden Netzen. Die Arabica braucht eine höhere Lage, am besten über 900 Metern und eine Durchschnittstemperatur um die 20 Grad. Die Robusta verträgt mehr Sonne und kann auch im Flachland angebaut werden.

Der Boden sollte leicht sauer sein. Im Herkunftsland der Kaffeesträucher, Äthiopien, sind die Böden vulkanisch und daher sauer und reich an Nährstoffen. Wir sehen, der Anbau von Kaffee ist ähnlich aufwändig wie beim Wein. Gleiches gilt für die Ernte und Verarbeitung.

Die Reifezeit der Kaffeekirschen kann bis zu 10 Monaten dauern. Deshalb gibt es meistens nur eine Ernte pro Jahr. In einigen Anbaugebieten kann es aber auch bis zu drei Ernten geben. Während der Reife verändern die Kirschen ihre Farbe von grün über gelb zu rot. Nur die roten Kirschen werden geerntet und die Kerne haben die Ausbildung für einen guten Kaffee.

Die Kirschen wachsen dicht beieinander an einem Zweig. Da sie nicht alle gleichzeitig reifen, finden wir rote wie auch gelbe nebeneinander. Deshalb müssen die Früchte, will man einen qualitätsvollen

Kaffee, von Hand gepflückt werden. Diese Ernte ist recht arbeitsintensiv und wird nur in kleineren Fincas eingesetzt. Jede Kirsche wird einzeln gepflückt. Das erfordert auch einige Jahre Erfahrung.

Einfacher ist das sogenannte Stripping. Auch hier wird von Hand geerntet, aber es werden alle Kirschen von einem Zweig abgezogen. So gelangen auch unreife Kirschen in die Ernte. Eigentlich sollten diese aussortiert werden. Aber es schummeln sich immer einige noch nicht ausgereifte und ebenso überreife Früchte in den Sack. Dadurch wird der Geschmack des Kaffees verdorben.

Noch drastischer ist die industrielle Ernte mit Maschinen, die ebenfalls alle Früchte vom Strauch abziehen. Dazu muss der Anbau ausschließlich in Monokultur angelegt sein, in dem die Maschinen zwischen den Pflanzen fahren können. Das erfordert aber auch den enormen Einsatz von Düngemitteln und Pestiziden. Nur so ist es möglich, ein Kilo Kaffee für unter 10 Euro im Supermarktregal zu finden. Um den Geschmack des Kaffees zu erhalten, dürfen weder grüne noch überreife schwarze Kirschen in die Ernte. Das ist aber bei der maschinellen Ernte nicht zu vermeiden.

Das Pflücken von Hand dauert lange, ist anstrengend und muss täglich neu angegangen werden, da die einzelnen Kaffeekirschen über einen Zeitraum von zwei Monaten reifen. Man kann sich leicht vorstellen, wieviel Abfall dabei sein muss, wenn eine Maschine an einem Tag durch die Plantage fährt und alles abzieht, was am Strauch hängt.

DER GRÜNE KAFFEE

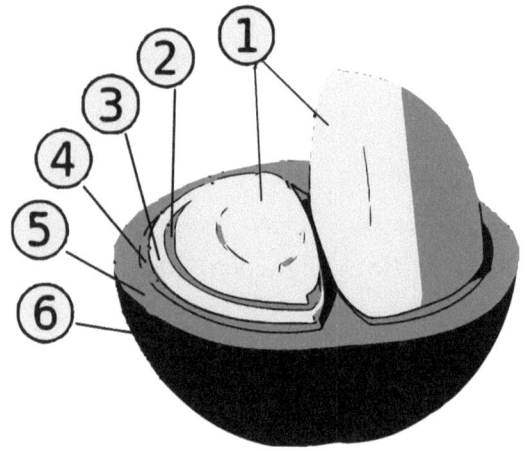

Nun kommen wir zum nächsten Schritt. Die Kaffeebohnen müssen aus den Kirschen raus. Die Bohnen sind die Samen der Früchte. In einer Kirsche finden wir zwei Kerne (1). Diese werden von einer dünnen silbernen Haut (2) abgedeckt. Darüber sind sie mit einer pergamentartigen, dünnen Hülle umgeben (3). Darüber wiederum liegt bei der reifen Frucht eine gallertige Schicht (4). Dann erst kommt ein wenig Fruchtfleisch, der Pulp (5) unter der roten Außenhaut (6).

Wie bekommen wir das alles weg, ohne die Bohnen zu beschädigen? Es gibt zwei Methoden, die trockene und die nasse Aufbereitung.

DIE TROCKENE AUFBEREITUNG

Die traditionelle Form der Aufbereitung ist trocken, sie kann ganz natürlich vorgenommen werden und kommt ohne Maschinen aus. Die meisten Kaffees werden auf diese Weise aufbereitet. Zunächst werden die geernteten Kirschen gereinigt, werden unreife oder überreife Früchte aussortiert sowie Schmutz entfernt. Dies geschieht meist mit großen Sieben per Hand.

Nun beginnt die Zeit der Trocknung. die kann bis zu vier Wochen dauern, abhängig von der Temperatur und Luftfeuchtigkeit. Dazu werden die Kirschen auf großen Flächen ausgebreitet und regelmäßig mit einem Rechen gewendet, damit die Trocknung möglichst gleichmäßig verläuft. Am Ende sollten die Kirschen auf 12,5 % maximale Feuchtigkeit getrocknet sein. Erst dann sind die Bohnen sicher vor Pilz- und Bakterienbefall. Werde sie zu stark getrocknet, können die Bohnen brechen.

SCHÄLUNG

Die getrockneten Kirschen werden in einer Mühle geschält, anschließend sortiert und nach Qualität eingesackt.

Die meisten Kaffees werden nach dieser Methode aufbereitet. Sie ist zwar zeitintensiv, erfordert aber keinen oder wenig Maschineneinsatz.

Natürlich ist diese Methode ungeeignet für regnerische Regionen und Gebiete mit hoher Luftfeuchtigkeit.

DIE NASSE AUFBEREITUNG

Die nasse Methode der Aufbereitung erfordert spezielle Maschinen und Mengen an Wasser. Allerdings sollen so die Bohnen eine bessere Qualität erhalten. Nass aufbereiteter Kaffee gilt daher als besser und wird teurer gehandelt.

SORTIEREN UND REINIGEN

Wie bei der trockenen Aufbereitung muss natürlich erst einmal die Ernte von Erde, Blättern und Ästchen gereinigt werden. Das erfolgt nun in Tanks mit fließendem Wasser und in Sieben, durch die auch die kleineren Kirschen von den großen, reifen getrennt werden.

PULPING

Im zweiten Schritt, dem sogenannten Pulping, wird der Brei aus der Kirsche entfernt. Darin liegt der wesentliche Unterschied zur trockenen Aufbereitung. Die Kirschen werden maschinell zerquetscht, natürlich ohne die Bohnen zu beschädigen. Anschließend werden die Bohnen auf Sieben von verbliebenen Rückständen gereinigt. In Wasserkanälen werden sie danach gewaschen.

FERMENTATION

Das dann noch verbliebene Fruchtfleisch wird in großen Gärtanks durch Fermentation mit natürlichen Enzymen abgebaut. Dieser Vorgang muss sorgfältig durchgeführt werden, damit die Bohnen nicht anschließend einen säuerlichen Geschmack bekommen.

In letzter Zeit haben innovative Kaffeeproduzenten mit der anaeroben Verarbeitung experimentiert, bei der der Kaffee ohne Sauerstoff fermentiert wird. Dieser besondere Prozess führt zu seltenen und exotischen Aromen, von denen keine zwei gleich schmecken.

Obwohl die anaerobe Fermentierung relativ neu ist, ist die aerobe Fermentierung - bei der Sauerstoff in den Prozess einbezogen wird - schon länger üblich.

Die Gärung beginnt, sobald der Kaffee gepflückt wird, da Wasser, Zucker, Bakterien und Hefe vorhanden sind. Die Zucker und Säuren im Kaffeeschleim werden dann in verschiedene Säuren, CO_2, Ethylalkohol und andere Verbindungen umgewandelt.

Je nachdem, ob es sich um gewaschenen Kaffee, Naturkaffee (trocken) oder Honigkaffee (Pulp) handelt, werden die Bohnen unterschiedlich fermentiert.

Bei diesem Verfahren werden anaerobe Produkte in versiegelten Tanks gelagert, die durch den Aufbau von CO_2 unter Druck gesetzt werden. Durch den zusätzlichen Druck werden die Säfte und der Zucker in die Bohne gepresst (so zumindest unsere Theorie!). Es gibt anaerobe Naturkaffees, Honigsorten und gewaschene Kaffees. Die Fermentierung kann in der Kirsche oder entpulpt im Schleim erfolgen. Der Kaffee wird dann in der Kirsche (natürlich), im Schleim (Honig) oder gewaschen und getrocknet aufbereitet.

WASCHEN UND TROCKNEN

Ist der Prozess beendet, werden die Bohnen ein weiteres Mal gewaschen. Nun sollen sie nur noch von der Pergamenthaut umgeben sein. Auch diese Bohnen müssen natürlich noch getrocknet werden, entweder in der Sonne oder in speziellen Maschinen.

Vor dem Export wird der Kaffee noch geschält und sortiert. Es sind vielleicht nur 5% des gehandelten Kaffees, die nach dieser Methode aufbereitet werden und ausschließlich Arabica.

KOPI LUWAK

Eine seltene Besonderheit der Kaffeeaufbereitung stammt aus Indonesien und den Philippinen. Die dort wild lebenden Fleckenmusangs, eine Schleichkatzenart, verzehren mit Vorliebe Kaffeekirschen. Die Bohnen scheiden sie unverdaut aus. Die Legende erzählt, während der holländischen Kolonialzeit sei es den Bauern verboten gewesen, Kaffee zu trinken. Als sie die unverdauten Bohnen der

Schleichkatzen fanden, säuberten sie diese und rösteten sie. Es stellte sich heraus, dass diese Bohnen besser schmeckten als der herkömmlich aufbereitete Kaffee. Der britische Schauspieler John Cleese beschreibt den Geschmack als „erdig, modrig, mild, sirupgleich, gehaltvoll und mit Untertönen von Dschungel und Schokolade." Unter Kennern gilt der Kopi Luwak als der beste Kaffee der Welt. Allein deshalb wird er schon sehr teuer gehandelt, zumal es ja auch ein sehr seltener Kaffee ist. Das hat dazu geführt, dass die Tiere inzwischen gezüchtet und in Käfigen gehalten werden, kaum etwas anderes als Kaffeekirschen zu fressen bekommen.

Es verwundert uns nicht, dass es auch künstlich produzierten Kopi Luwak gibt. 1996 wurde von deutschen Wissenschaftlern sechs Enzyme im Verdauungsweg der Schleichkatzen nachgewiesen, die für die Fermentierung der Kaffeebohnen ausschlaggebend sind. Es wurde eine synthetische Lösung dieser Enzyme hergestellt, um den Geschmack des Kopi Luwak nachzubilden. Andere versuchen es einfacher mit guten Bohnen und Aromastoffen.

DER BRAUNE KAFFEE

KAFFEERÖSTUNG

Sowohl der Kopi Luwak als auch herkömmlicher Kaffee muss geröstet werden, ehe wir daraus ein schmackhaftes Getränk herstellen können.

Die richtige Röstung gilt als die Hohe Kunst in der Kaffeeproduktion. Es bedarf jahrelanger Erfahrung, um mit den Bohnen richtig umzugehen. Die noch ungeröstete grüne Bohne hat noch nichts mit dem Duft und Aroma einer gerösteten Bohne zu tun. Sie ist weich und riecht etwas nach Gras.

Die Bohnen werden in Säcken oder Containern angeliefert. Bevor sie zum Röster kommen, werden sie noch einmal gesiebt, um die letzten Rückstände zu entfernen. In der Röstmaschine werden die Kaffeebohnen bei einer Temperatur zwischen 180 und 250 Grad langsam und unter ständigem Wenden geröstet. Es entsteht die sogenannte Maillard Reaktion, welche den Geschmack und Duft beeinflusst.

Unter der **Maillard-Reaktion** (benannt nach dem französischen Naturwissenschaftler Louis Camille Maillard) versteht man eine Gruppe nicht-enzymatischer chemischer Bräunungsreaktion, während des Erhitzens von Lebensmitteln, die Aromen freisetzen. Hierbei werden Aminverbindungen (wie Aminosäuren, Peptide und Proteine) mit reduzierenden Verbindungen unter Hitzeeinwirkung zu neuen Verbindungen umgewandelt.

Anders als typischerweise von Namensreaktionen suggeriert, handelt es sich hier nicht um eine einzelne bestimmte chemische Reaktion, sondern um eine komplexe Gesamtheit vieler sowohl nebeneinander wie auch nacheinander ablaufender Reaktionen, die zu einer Vielzahl von Reaktionsprodukten führt, von denen viele bis heute noch nicht exakt identifiziert wurden.

TROMMELRÖSTER

Trommelröster können zwischen 5kg bis 120kg pro Durchgang rösten. Wer die langsame Trommelröstung bevorzugt, der möchte die beste Qualität aus der Bohne holen. Die Trommeln rotieren horizontal, die Bohnen werden ständig in Bewegung gehalten, um eine gleichmäßige Röstung aller Bohnen zu erzielen. Die Hitze kommt von außen. Auf Bali habe ich noch die einfache Röstung per Hand sehen können, die der Trommelröstung zugrunde liegt. Dort wurden die Bohnen in einer Metallschüssel über einem Kohlebecken geschwenkt und ständig mit einer Art Schaufel gewendet. Anders funktioniert auch der Prozess in einer kleinen Rösterei nicht.

Während des Röstvorgangs wird vom Röstmeister regelmäßig der Grad der Röstung und die Qualität der Bohnen kontrolliert. Sobald der gewünschte Grad erreicht ist, werden die Bohnen schonend gekühlt. Bevor sie endgültig verpackt werden, lässt man die Bohnen noch eine geraume Zeit ausgasen.

RÖSTGRAD UND RÖSTPROFIL

Wie schon gesagt, ist das Rösten von Kaffee mehr eine Kunst, aber auch eine Wissenschaft. Röstmeister müssen eine Vielzahl von Variablen in Betracht ziehen um das bestmögliche, gleichbleibende Ergebnis zu erreichen.

RÖSTGRAD

Die unterschiedlichen Röstgrade von Kaffeebohnen werden je nach Temperatur verschieden bezeichnet. Die klassische Methode zur Bestimmung des Röstgrad ist die Einteilung der Bohnenfarbe nach Augenschein. Die Bohnen ändern während des Röstvorgangs ihre Farbe von Grün bis zu immer dunkleren Brauntönen. In den späteren Phasen der Röstung treten Öle auf die Oberfläche der Bohne.

Die Beurteilung nur mit dem Auge ist aber meist nicht präzise genug, daher werden neben der Bohnentemperatur, ihrem Geruch, der Farbe auch das Geräusch zur Kontrolle des Röstprozesses eingesetzt. Das Geräusch ist ein wesentlicher Indikator während des Röstvorganges.

Es gibt zwei Temperaturgrenzwerte die als „Cracks" bezeichnet und von Röstmeistern besonders beachtet werden. Es sind freiwerdende Gase, die diese Cracks verursachen.

Der erste Crack findet bei ca. 200 Grad statt und gleicht dem knacken von Popcorn, nur etwas leiser. Der zweite Crack wird bei ca. 225 Grad erreicht.

RÖSTPROFIL

Aus Rösttemperatur und Röstdauer ergibt sich das Profil. Dabei ist ausschlaggebend, wann die Bohne wie stark erhitzt wurde und wie langsam man sie wieder abkühlen ließ. Die Herkunft der Bohne, ihre Sorte, die Art der Aufbereitung spielen eine wichtige Rolle in der Entscheidung, wie der Kaffee geröstet werden soll.

Eine normale und schonende Röstung dauert zwischen 15 bis 30 Minuten und findet bei Temperaturen zwischen 180 und 250 °C statt. Das Röstprofil bestimmt, welche Geschmackseigenschaften des Kaffees am Ende herausgearbeitet werden.

HEIßLUFTRÖSTER

In der industriellen Kaffeerösterei werden Heißluftröster eingesetzt. Hier geht es um schnelle Prozesse. Die Röstzeit wird mittels Heißluft auf bis zu 90 Sekunden reduziert. Es ist selbstverständlich, dass sich in diesen industriellen Schnellverfahren das Aroma nicht so voll und gezielt ausarbeiten lässt und der Kaffee weitaus mehr Säure enthält.

DER ITALIENISCHE ESPRESSO

Im Unterschied zu reinen Kaffees sind Italienische Espressoröstungen typische Blends, Mischungen aus verschiedenen Bohnensorten. 60 - 70 Prozent Arabica und 30 - 40 Prozent Robusta sind meist die Grundlage. Die für den Espresso gedachte Mischung erhält vorwiegend einen mittleren bis dunklen Röstgrad.

Die Bohnen können vor oder nach dem Rösten gemischt werden. Meist werden die verschiedenen

Rohbohnensorten vor dem Rösten gemischt und dann gemeinsam geröstet.

Aber es gibt auch Ausnahmen, bei dem erst nach dem Röstvorgang gemischt wird. Natürlich behaupten jene, die es so machen, dass dadurch ein feinerer Geschmack erzielt wird.

Espresso Mischungen zu rösten erfordert langjährige Erfahrung, um von den richtigen Bohnensorten deren Geschmackseigenschaften in Einklang zu bringen und dabei das gewünschte Maß an Qualität nie zu verlieren.

KAFFEEZUBEREITUNG

DER MOKKA

Es ist wahrscheinlich die älteste Methode, Kaffee zuzubereiten. Den Namen hat es von der Stadt Mocca oder Al Mucha, dem ersten Handelsumschlagplatz für Kaffee außerhalb Äthiopiens.

Der Kaffee wird zu feinstem Pulver gemahlen. Er wird mit Wasser in einem langstieligen Kännchen schonend auf der Glut erhitzt und mindestens zwei Mal aufgekocht. Die alte Methode, das Kännchen in einem Sandbett zu erhitzen, ist sehr schonend und holt das beste Aroma aus dem Mokka.

ARABISCHER MOKKA

Für den arabischen Mokka gehört unbedingt Kardamom dazu, der ihm den typisch orientalischen Touch gibt. Man kann auch Nelke, Zimt, Safran oder Muskatnuss hinzugeben und auf jeden Fall trinkt man den Mokka mit Zucker. Den arabischen Kaffee genießt man in einer Zeremonie als ruhige Auszeit, dazu reicht man Datteln um den kräftigen Geschmack des Kaffees zu mildern.

Zutaten

1 hohe schmale Kanne
2 EL fein gemahlenes Kaffeepulver (Arabica Bohnen)
250ml Wasser
Gewürze nach Wahl

Zubereitung

In der Kanne das Wasser zum Kochen bringen. Wenn es leicht abgekühlt ist, das Kaffeepulver, den Kardamom und die Gewürznelken einrühren. Nun noch für ca. 3 Minuten auf der Herdplatte bei geringer Hitze köcheln lassen. Dann in eine Thermoskanne umfüllen und 5 Minuten ziehen lassen, damit sich der Kaffeesatz ganz absetzen kann. Anschließend brühheiß servieren.

Hier sollte man kreativ werden und die verschiedenen Gewürzmischungen ausprobieren, bis man seinen persönlichen Favoriten gefunden hat.

TÜRKISCHER MOKKA

Dem türkischen Mokka gibt man Rosenwasser hinzu und man bekommt ihn in vier verschiedenen Süßegraden. wobei er dreimal kurz aufgekocht wird und die jeweilig entstandene Schaumkrone in die Tasse gegeben wird. Erst dann wird der Kaffee eingeschenkt und getrunken, wenn er sich gesetzt hat. Dazu reicht man süsses Gebäck.

Zutaten
Metallkanne mit langem Stiel
Sehr fein gemahlenes Kaffeepulver
(Mokka-Bohnen)
Wasser
Kleine Mokka-oder
Espresso-Tassen

Zubereitung
für 1 Person
Entsprechend der Tassengrösse das Wasser in der Kanne beinahe zum kochen bringen, aber nur beinahe. Dann kurz vom Herd nehmen. Als nächstes 2 Löffel Kaffee mit 1 Löffel Zucker pro Tasse in das Kännchen geben. Wasser aufgießen und unter stetem Umrühren langsam erhitzen bis der Zucker sich aufgelöst hat.

Nun den Kaffee aufkochen, so dass sich ein Schaum bildet, den man in die Tassen abgießt. Den Kaffee noch ein Mal aufkochen, in die Tassen gießen und, nachdem sich das Pulver abgesetzt hat, genießen.

Eine original türkische Kaffeekanne wird nach oben hin schmal, wodurch sich beim Kaffeekochen eine Schaumkrone bildet, wie bei Espresso Crema. Auch muss das Kaffeepulver sehr fein gemahlen sein! Es kommt also beim türkischen Kaffee auf feines Pulver und die Schaumkrone an.

Der griechische Mokka unterscheidet sich in der Zubereitung nicht vom türkischen Mokka. Nur dass man beim Griechen eben griechischen Mokka bekommt und beim Türken türkischen.

DIE MOKA-EXPRESS VON BIALETTI

Eine kleine Kanne zur Kaffeebereitung, die Weltruhm erlangte. Bis in das Museum of Modern Art in New York hat es dieser Klassiker geschafft, der weltweit bereits über 300 Millionen Mal verkauft wurde. Gleichzeitig hat die Kanne, vorwiegend im deutschsprachigen Raum, für viel Verwirrung gesorgt. Alfonso Bialetti nannte die von ihm entwickelte Kanne „Moka-Express". Das Prinzip der Kanne entspricht der Espresso Zubereitung, allerdings wird in ihr nur ein Druck von ca. 2,5 bar erzeugt, in einer Espressomaschine wird das siedende Wasser mit 9 bar durch das Kaffeepulver gedrückt. Dennoch ist der Espresso kein „schneller" Kaffee Und die Moka Express von Bialetti macht keinen Expresso, den es sowieso nicht gibt, aber auch keinen Espresso. Dazu reicht einfach der Druck nicht. Man macht damit aber ebenso keinen Mokka, auch nicht, wenn häufig der Name falsch mit zwei k geschrieben wird. Mokka ist ein ganz anderer Kaffeetyp, nämlich, siehe oben, die arabische, türkische oder griechische Methode der Zubereitung.

Was auch immer in einer la Macchinetta zubereitet wird, richtig gemacht erhält man einen ziemlich guten Kaffee, weshalb sie auch in keinem italienischen Haushalt fehlt. Zuhause wird in der Bialetti ein Caffé gemacht und in der Bar bekommt man aus der Espressomaschine einen Caffé. Aber jeder weiß um den Unterschied.

Das Logo der Firma Bialetti, "der kleine Mann mit Schnauzbart", wurde 1958 von dem italienischen

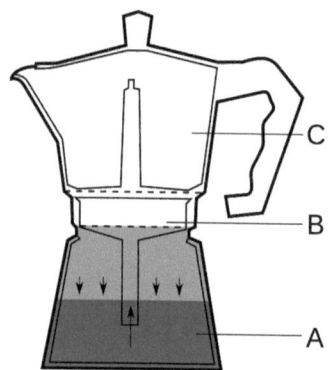

Comic-Zeichner Paul Campani entworfen und wird seither unverändert verwendet.

Die klassische Bialetti ist von achteckiger Form und besteht aus drei Teilen: dem unteren Kessel (A), dem Trichtereinsatz (B) und der oberen Kanne mit dem Steigrohr (C).

Zunächst wird die Kanne auseinander geschraubt und der Trichtereinsatz entnommen. Dann wird der untere Kessel bis zum Ventil mit Wasser gefüllt. Es ist besser, etwas vorgewärmtes Wasser zu nehmen, damit Kaffee und Kanne sich nicht zu stark erhitzen.

Nun setzt man den Trichter wieder ein und füllt ihn mit Kaffeepulver, das mittelfein gemahlen sein sollte. Man kann durchaus eine Espressomischung verwenden. Ich persönlich ziehe eine reine Arabica-bohne vor. Die Firma Bialetti bietet seit einiger Zeit auch eigene Kaffeemischungen an, die in Auswahl der Bohnen, Röstung und Mahlgrad ideal für ihre Kannen geeignet sind.

Das Pulver wird nur leicht angedrückt und nicht wie bei einer Espressomaschine gestampft.

Die obere Kanne fest aufschrauben, die Bialetti auf die Kochstelle setzen und erhitzen. Beginnt das Wasser zu kochen, entsteht Druck und das Wasser steigt durch den Kaffee und das Rohr in die obere Kanne.

Man hört ein blubberndes Geräusch. Wenn dies ge-schieht, den Kannendeckel öffnen, damit kein Kon-denswasser in den Kaffee fließt. Bevor das ganze Wasser aufgestiegen ist, von der Herdplatte neh-men, denn der Kaffee sollte nicht kochen! Sonst werden Bitterstoffe freisetzt, die den Genuss zer-stören.

Hinter diesem Link verbirgt sich ein Video, in wel-chem die Funktionsweise einer Bialetti mittels ei-ner Computertomographie gezeigt wird:
https://tinyurl.com/bialetti2

DIE FRENCH PRESS ODER SIEBSTEMPELKANNE

Wie die Bezeichnung vermuten lässt wurde die Methode, vermutlich um 1850, in Frankreich erfunden. Die gewöhnliche Zubereitungsart des Kaffees war um diese Zeit recht simpel. Der Kaffee wurde aufgebrüht, indem man heißes Wasser auf das Kaffeepulver schüttet und wartete, bis sich das Pulver am Boden der Kanne einigermaßen abgesetzt hatte. Auch wenn man das Gemisch siebte, ergab es selten einen sauberen Kaffee, denn die Löcher im Sieb waren entweder zu klein und verstopften oder zu groß und der Satz schwamm wieder in der Tasse, was einen unangenehmen Nachgeschmack verursachte. In unserer Familie wurde diese Art der Zubereitung Räuber- oder Cowboykaffee genannt.

In der French Press wird auch als erstes der Kaffee, am besten natürlich frisch gemahlen in mittlerem Grad, in die Kanne gegeben und mit etwas, nicht mehr kochendem Wasser aufgeschüttet, damit das Aroma sich entfalten kann. Dann die Kanne füllen, den Kaffee umrühren und ca. 5 Minuten setzen lassen. Den Siebstempel nach unten drücken. Der Kaffee sollte sich möglichst von selber setzen und nicht von dem Stempel nach unten gedrückt werden. Das Sieb ist dazu da, den Satz vom Getränk zu trennen. Das heiße Wasser zieht das Beste für Ihren Kaffee aus dem Kaffeepulver ohne den Papiergeschmack eines Filters. Auch werden die feinen Aromaöle des Kaffees nicht im Papierfilter aufgesaugt. Feinschmecker schwören auf diese einfache Zubereitungsart des Kaffees.

FILTERKAFFEE

Eine Dresdner Hausfrau meldete am 20. Juni 1908 einen Kaffeefilter beim Patentamt an.

Melitta Bentz, Mutter von drei Kindern, experimentierte in ihrer Küche mit einem durchlöcherten Messingbecher. Das Löschpapier aus dem Schulheft ihres Sohnes fand sie als Filter geeignet.

Melitta Bentz erkannte früh das kommerzielle Potenzial ihrer Erfindung. Sie unternahm erste Schritte zur Vermarktung des neuen Filters und meldete ihn als Gebrauchsmuster an, das mit Registrierung vom 8. Juli 1908 vom Kaiserlichen Patentamts zu Berlin gewährt wurde.

Nur wenig später, am 15. Dezember 1908, folgte die Eintragung der zur Vermarktung der Melitta-Kaffeefilter gegründeten Firma ins Handelsregister. Sitz dieser Firma (mit einem Startkapital von 72 Reichspfennig) war zunächst ein Zimmer in der Dresdner Wohnung. 1909 wurden die Filter auf der Leipziger Messe vorgestellt und waren mit über 1.200 verkauften Exemplaren gleich ein Erfolg.

Das Ehepaar baute seine kleine Firma aus und verbesserte seine Produkte stetig. In der bis heute typischen Form wurden die Papierfilter in den 1930er Jahren patentiert. Da sich in Dresden keine geeigneten Produktionsräume fanden, zog das Unternehmen 1929 von Dresden ins ostwestfälische Minden, wo es bis heute sitzt. Das Familienunternehmen produziert täglich 50 Millionen Kaffeefilter.

Diese deutsche Zubereitungsart des Kaffees galt unter Kaffeekennern lange Zeit als spießig und verpönt. Inzwischen feiert der Handfilter ein regelrechtes Comeback. Das langsam der Schwerkraft folgende in die Kanne tröpfelnde Getränk lässt durch die längere Kontaktzeit von Wasser und Kaffee andere Geschmacksaromen hervorkommen. Die Bohne sollte mittelfein gemahlen sein und das Wasser bei 92 Grad genommen werden. Für eine Tasse Filterkaffee rechnet man mit einer Kaffeemenge von 8 bis 12 Gramm. Bevor man den Filter in kreisenden Bewegungen ganz mit Wasser füllt, sollte das Pulver zuerst nur angefeuchtet werden und 30 Sekunden aufblühen.

VERSCHIEDENE MAHLGRADE FÜR DEINEN KAFFEE

Mokka

Extra fein gemahlen
wie Puderzucker

Espresso

Fein gemahlen
weich, etwas pappend

Bialetti

Mittelfein gemahlen
wie Tafelsalz

Filter

Medium gemahlen
leicht bröcklig

Kaffeemaschine

Mittelgrob gemahlen
sieht sandig aus

French Press

Grob gemahlen
sieht aus wie Meersalz

Cold Brew

Extra grob gemahlen
wie Muschelkalk

DIE ESPRESSOMASCHINE

Die Liebhaber italienischen Caffés streiten sich gerne und lebhaft darüber, wer eigentlich die Espressomaschine erfunden hat. Angelo Moriondo reichte 1884 ein Patent ein, aber es wurde nie umgesetzt, die Entwicklung dieser Maschine schlug wohl fehl. Bereits 1855 soll Luigi Bezzera auf der Weltausstellung in Paris ein Modell gezeigt haben, konnte es aber erst ab 1901 vermarkten. Den Durchbruch schaffte Achille Gaggia, der 1938 ein Patent anmeldete.

In der Espressomaschine wird das Wasser auf ca. 90 Grad erhitzt und mit 9 bar Druck durch feingemahlenes Kaffeepulver gepresst. Der Druck wird entweder durch eine Pumpe oder einen Handhebel erzeugt.

Wenn auch die Entwicklung der Espressomaschinen inzwischen bis hin zu Supervollautomaten gediehen ist, bei der alles der maschinellen Einstellung überlassen wird. schwören klassisch ausgebildete Barista auf die handwerkliche Kunst der Espressozubereitung.

Diese basiert auf den 4 M:

1. LA MISCELA

Die Mischung macht's. Das ist natürlich Geschmacksache und wir finden sehr unterschiedliche Angebote. Man sagt, es sollten 70 bis 80 Prozent Bohnen der Sorte Arabica mit entsprechend der anderen Menge Robusta verwendet werden. Aber man findet auch 100 Prozent Arabica im Angebot. Wichtig für den Espresso ist die Röstdauer, die etwas kräftiger ausfällt, als für Kaffee. Die Espressobohnen sind nach der Röstung dunkler mit einer glatteren Oberfläche. Diese entsteht von den Ölen, die bei der längeren Röstung aus der Bohne austreten. Wie alles bei der richtigen Zubereitung von Kaffees, muss auch der Röstvorgang langsam und schonend erfolgen, damit sich keine bitteren Aromen herausbilden können.

Die Bohnen werden nicht direkt nach der Röstung verwendet, sondern man lässt sie zuerst in der Packung ausgasen. Das kann kann zwischen einer und zwei Wochen dauern. Dann aber sollte man den Kaffee innerhalb von 6 Monaten verbrauchen. Älter sollte ein gerösteter Kaffee nicht werden.

2. LA MACINATURA

Wie wird die Espressobohne gemahlen? Am Besten von Hand, denn die elektrische Mühle ist meistens zu schnell und erhitzt den Kaffee, was seinem Aroma schadet. Wenn elektrisch, dann sollte das Mahlwerk zumindest aus Keramik sein, was sich nicht so stark erhitzt wie Metall. Auch sollte eine Möglichkeit zur Einstellung des Mahlgrads gegeben sein. Ein zu grob gemahlenes Pulver lässt das Wasser zu schnell durchlaufen und der Espresso schmeckt dünn. Ist das Pulver zu fein gemahlen, könnte der Espresso zu bitter schmecken, weil der Durchlauf zu lange gedauert hat. Da braucht man etwas Geduld, um das rechte Maß für den eigenen Geschmack zu finden.

3. LA MACCHINA

Natürlich muss es eine Siebträgermaschine sein. Was sonst soll einen guten Espresso machen. Allerdings kostet so ein Ding einiges und kann nicht so ohne Weiters aus der Haushaltskasse bezahlt werden. Selbst im mittleren Preissegment kommt man nicht unter 500 €. Bitte, wir sprechen hier von einer Espressomaschine, nicht von einem der neueren Haushaltsautomaten, die selten genug

Druck aufbauen, aber die Optik einer Siebträger-maschine imitieren.

Allerdings hört man auch Lobeshymnen auf die neuere ROK Espresso, einer Handpresse, deren Bedienung allerdings auch geübt sein will. Ich kann dazu nichts sagen, weil ich das Modell noch nicht ausprobiert habe. Es ist ab ca. 200 Euro zu haben und sieht aus wie eine überdimensionierte Zitro-nenpresse.

4. LA MANO

Das Handwerk, Übung macht den Meister. Da braucht es Jahre an Erfahrung, um zu einem erst-klassigen Barista zu werden. Wie in jedem Beruf, gehört eine ordentliche Portion Begeisterung dazu und reines Wissen kann kein Talent ersetzen. Ex-perimente mit der Bereitschaft zu scheitern gehö-ren genauso dazu, wie der Erfahrungsaustausch mit Kollegen. Welche Kaffeesorten brauchen wel-ches Mahlgrad, welche Temperatur? Wie fest muss das Pulver in den Siebträger gestampft werden? Kann ich Leitungswasser verwenden oder gefilter-tes? Das alles sind Erfahrungswerte, die zum per-fekten Espresso führen.

WAS UNTERSCHEIDET DEN ESPRESSO VON EINEM KAFFEE?

Zunächst kommt beides aus der selben Bohne. Ganz gleich ob daraus ein Kaffee oder eine Espresso werden soll, so sind inzwischen alle Anbaugebiete dafür Lieferanten. Der entscheidende Unterschied liegt im Röstvorgang. Für den Espresso werden die Bohnen deutlich länger geröstet. Dabei werden mehr Säuren abgebaut, als bei dem kürzeren Röstvorgang des Kaffees. Obwohl ein Espresso deutlich kräftiger schmeckt als ein Kaffee ist er doch milder als normaler Filterkaffee.

Das hat natürlich auch mit der Zubereitungsart zu tun. Espresso wird viel feiner gemahlen, braucht dafür den entsprechenden Druck von 9 bar. Ein Espresso wird innerhalb von 25 Sekunden hergestellt, während Kaffee je nach Zubereitungsart bis zu 8 Minuten zieht. Durch die längere Röstung und kürzere Brühzeit enthält ein Espresso weniger Säuren.

Und hier noch die Antwort zu einer der wichtigsten Fragen: Eine Tasse Espresso hat nicht mehr Koffein als eine Tasse Kaffee!

WAS MAN AUS EINEM ESPRESSO ALLES MACHEN KANN.

ESPRESSO
ohne Milch

ESPRESSO
mit Milch

ESPRESSO
1 Shot

CAFFÈ LATTE
2 Shot und 10 Teile
geschäumte Milch

DOPPIO
2 Shot

CAFFÈ MACCHIATO
2 Shot und ein Schlag Milchschaum

RISTRETTO
3/4 Shot
konzentriert

CAPPUCCINO
2 Shot, 2 Teile geschäumte Milch
und ein Schlag Milchschaum

LUNGO
1 Shot
mit doppelter Wassermenge

MOCHA
2 Shot, 2 Teile Schokolade
und ein Schlag Milchschaum

CAFFÈ AMERICANO
2 Shot Espresso
3 Teile Wasser

FLAT WHITE
2 Shot, 4 Teile geschäumte Milch

ESPRESSO

Zunächst solltest du den Siebträger ordentlich reinigen und am besten noch mit einem Tuch auswischen. Da der Kaffee während der Extraktion Öle frei setzt, können diese den Geschmack des nächsten Espressos negativ beeinflussen.

Nimm von dem sehr fein gemahlenen Kaffeepulver so viel, dass der Siebträger leicht gehäuft gefüllt ist. Die Faustregel lautet 16 - 18 g Espresso. Streich mit dem Finger ohne Druck über den Rand des Siebträgers um eine gerade Oberfläche zu schaffen.

Nun wird das Espresso-Kaffeepulvers im Siebträger mit einem metallenen Stampfer zusammengedrückt. Das richtige Stampfen will gelernt sein, du brauchst nicht übertreiben. Wichtig ist, dass die Kaffeeoberfläche gleichmäßig fest ist.

Lass einige Sekunden heißes Wasser alle Rückstände aus dem Brühkopf wegwaschen, bevor du den Siebträger einsetzt.

Auf Temperaturänderung reagiert Kaffee wie eine Prinzessin. Das gilt umso mehr für Espresso. Daher empfehle ich, die Tasse vorzuwärmen. Die meisten Espresso-Maschinen haben einen Warmwasserspender, den man dazu nutzen kann.

Stelle nun die Tasse unter die Trägeröffnung. Ein guter Espresso sollte in 25 bis 35 Sekunden durchlaufen. Wenn er zu schnell oder zu langsam durchläuft, musst du den Mahlgrad anpassen.

DOPPIO

ist einfach ein doppelter Espresso. Das Verhältnis von Kaffeemehl zu Wasser bleibt dieselbe; du ziehst nur zwei einfache Espresso in deine Tasse. Doppelte Menge Espresso und natürlich die doppelte Menge Koffein.

RISTRETTO

Der Ristretto ist ein leicht konzentrierter Espresso. Du nimmst nur die halbe Wassermenge. Durch die höhere Konzentration ist der Ristretto viel dickflüssiger und intensiver im Geschmack als ein normaler Espresso.

LUNGO

Der Lungo ist ein Verlängerter. Er wird nicht zweimal gebrüht, sondern ein einfacher Espresso wird mit heißem Wasser verlängert mit ungefähr der doppelte Wassermenge für dieselbe Menge Kaffeepulver. Dadurch erhältst du einen weitaus milderen Espresso.

CAFFÉ AMERICANO

Mehr Kaffee und auch mehr Koffein als beim Lungo. War bei letzterem das Verhältnis 1:1 wird für einen guten Americano das Verhältnis 2:3 gewählt. Also ein Doppio mit anderthalbfacher Wassermenge.

CAFFÉ LATTE

Der Caffé Latte wird gerne in einem hohen Glas serviert. Dazu den Espresso wie gewohnt aufbrühen und dann in das Glas umzufüllen. Das Aufschäumen der Milch gleicht einem Cappuccino mit dem Unterschied, dass die Ziehphase etwas kürzer ist. So entsteht ein flüssig-cremiger Milchschaum.

Bei einem Caffè Latte wird also mehr heiße Milch benötigt als bei einem Cappuccino. Die aufgeschäumte Milch wird auf den Espresso gegossen. Idealerweise bildet sich dabei auf der Oberfläche eine etwa 5 mm dicke Schaumschicht.

MACCHIATO

Der Espresso Macchiato hat einen höheren Milchanteil, als der Cappuccino und die Milch wird zuerst ins Glas eingefüllt und darauf der Espresso gegossen, also genau umgekehrt. Als erstes die Milch aufschäumen, länger als beim Cappuccino, damit ein fester Milchschaum entsteht. Die Milch sollte nicht zu heiß sein. Dann gieß die Milch zu 1/3 in ein Glas und halte den Milchschaum mittels eines Löffels etwas zurück. Setze nun den Milchschaum auf die Milch. Als nächstes gieße den Espresso vorsichtig an der Innenseite des Glases entlang auf den Milchschaum. Jetzt sollte er sich in der Mitte, also auf der Milch und unter dem Schaum befinden. Damit dein Latte Macchiato die typische 3 geschichtete Optik erhält, sollte der Espresso heißer als die Milch sein.

CAPPUCCINO

Den Espresso in eine vorgewärmte Tasse schütten. Dann die aufgeschäumte Milch ein wenig im Behälter in kreisenden Bewegungen schwenken und zügig auf den Espresso gießen. Mit einem Schlag Milchschaum und etwas Kakaopulver abrunden.

MOCHA ODER MAROCCHINO

Ein einfacher Espresso wird mit der gleichen Menge geschäumter Milch und ca. 15ml heißer Schokolade aufgegossen. Passt noch in eine etwas größere Espressotasse und kommt geschmacklich an einen Cappuccino heran.

FLAT WHITE

Diese Kaffeespezialität ähnelt sehr einem Cappuccino oder Caffè Latte. Der Flat White hat einen intensiveren Kaffeegeschmack und eine geringere Milchschaumschicht. Die Grundlage bildet ein doppelter Espresso. Serviert wird ein Flat White in einer flachen und bauchigen Porzellantasse mit einem Volumen von 180 ml. Der Espresso wird direkt in die vorgewärmte Tasse gebrüht. Währenddessen wird die Milch aufgeschäumt wie bei einem Cappuccino, aber mit einer kürzeren Ziehphase. Die Konsistenz des Milchschaum sollte flüssig-cremig und die Schaumschicht idealerweise nicht größer als 5 mm dick sein. Der „flache Weiße" schließt flach mit dem Tassenrand ab.

FRANZÖSISCHER KAFFEE

CAFÉ AU LAIT (MILCHKAFFEE)

Zubereitung
1/2 Tasse Espresso oder starken Kaffee
1/2 Tasse Milch Milchschaum

Hier wird der Espresso gleichzeitig mit der heißen Milch zu gleichen Teilen in die Tasse eingefüllt und mit Milchschaum getoppt.

ÖSTERREICHISCHER KAFFEE

In diesem Land wird Kaffeegenuss ganz groß geschrieben und es gibt über ein Dutzend Spezialitäten.

VERLÄNGERTER

Zutaten
30ml Espresso
50ml heisses Wasser

Zubereitung
Heißes Wasser aufsetzen und in eine Tasse füllen.

Zwischenzeitlich den Espresso zubereiten und diesen dann ins Wasser hineingießen (in anderen Ländern auch Kaffee Americano oder Espresso Lungo genannt).

MOKKA (AUCH KLEINER SCHWARZER GENANNT ODER GROSSER SCHWARZER MIT DOPPELTER MENGE)

Zutaten
30ml Espresso
20ml Wasser

Zubereitung
Espresso in der Espressomaschine mit etwas mehr Wasser zubereiten.

WIENER MELANGE

Zutaten
30-50ml heisses Wasser
30ml Espresso
30ml Milch

Zubereitung
Den Espresso zubereiten und Wasser erhitzen. Dann das heiße Wasser in die Tasse einfüllen und den Espresso hinzufügen. Nun die Milch aufschäumen und die Tasse mit dem Schaum auffüllen.

KLEINER BRAUNER
(GROSSER BRAUNER = DOPPELTE MENGE)

Zutaten
30ml Espresso
Milch oder Sahne

Zubereitung
Den Espresso in der Espressomaschine zubereiten und in eine Tasse füllen. Ein Kännchen Sahne oder Milch dazu reichen.

EINSPÄNNER

Zutaten
30ml Espresso
Wasser
Sahne

Zubereitung
Den Espresso zubereiten und die Tasse mit Schlagsahne auffüllen.

KAPUZINER

Zutaten

30ml Espresso

50ml Wasser

Flüssige Sahne

Schlagsahne

Zubereitung

Wasser aufkochen und den Espresso zubereiten. In eine Tasse füllen und mit flüssiger Sahne auffüllen. Zu guter letzt noch eine Sahnehaube aufsetzen.

FRANZISKANER

Zutaten

30ml heißes Wasser

30ml Espresso

60ml heiße Milch

Sahne

Schokostreusel

Zubereitung

Als erstes Wasser erhitzen und in eine Tasse geben. Dann den Espresso zubereiten und auf das Wasser gießen. Nun 60ml heiße Milch dazu geben und mit einer Sahnehaube und Schokostreuseln dekorieren.

INDONESISCHER KAFFEE

KOPI LUWAK (KATZENKAFFEE)
AUS BALI

Da ich kürzlich für einige Wochen in Bali war,
konnte ich diese Kaffeespezialität gleich vor Ort in
einer der hiesigen Kaffeeplantagen genießen.
Es ist der teuerste Kaffee der Welt - Kopi Luwak.
Er wird aus dem Kot der Schleichkatze, einem Fle-
cken Musang gewonnen. Dieses Tier frisst die Kaf-
feekirsche und scheidet die Bohne wieder aus.
Dann werden die Bohnen gesäubert, geröstet und
wie normaler Kaffee weiter verarbeitet. 100g dieses Kaffees kosten derzeit in etwa 80 Euro.

Zutaten
French Press
2 gehäufte EL Luwak-Kopi
140ml Wasser

Zubereitung
Das Wasser kochen und kurz abkühlen lassen.
Dann den Kaffee in die Kanne geben und mit dem
Wasser auffüllen. Nun 5 Minuten ziehen lassen und
durchpressen.

KOPI JOSS (HOLZKOHLEKAFFEE) AUS JAVA

Zutaten
Kaffeepulver
Zucker
Kondensmilch
Wasser

Zubereitung
Das Kaffeepulver in eine feuerfeste Tasse geben, zusammen mit dem Zucker und der Kondensmilch je nach Geschmack. Dann mit kochendem Wasser aufgiessen. Sofort wird ein glühendes Stück Holzkohle in die Kaffeetasse geworfen. Nach einer Minute, wenn die Kohle erstarrt ist, wird sie entfernt. Dies soll dem Kaffee eine karamellige Note verleihen.

AMERIKANISCHER KAFFEE

Hier sei dazu gesagt, Kaffee wird in Amerika auch gerne mal im Vorbeigehen getrunken, sprich Coffee-to-go und nicht als Zeremoniell angesehen. Auch lieben die Amerikaner einen weniger starken Kaffee.

Zutaten für 2 Personen

Filterkaffeemaschine
Kaffeefilter
25g amerikanischer Kaffee (mittlere Röstung)
400ml Wasser

Zubereitung
Den Wassertank der Kaffeemaschine mit 400ml Wasser füllen und dann den Kaffeefilter einsetzen. Diesen mit 25g Kaffee füllen. Wenn der Kaffee durchgelaufen ist, in Tassen abfüllen und servieren.

BRASILIANISCHER KAFFEE

Die Brasilianer lieben Kaffee und trinken ihn zu jeder Tageszeit. Gerne gönnt man sich eine kleine Auszeit, die von einem Cafezinho („kleiner Kaffee) begleitet wird.

CAFEZINHO

Zutaten für 1 Person

1TL gemahlener brasilianischer Kaffee oder Espresso
1-3 TL Zucker
1 kl. Kaffeetasse Wasser

Zubereitung
Eine dreiviertel Tasse Wasser und einen Teelöffel Zucker in einen Topf geben. Nun das Wasser erhitzen und den Zucker einrühren, aber nicht kochen. Dann einen gehäuften TL brasilianischen Kaffee oder Espresso hinzufügen und gut umrühren. Vom Herd nehmen. Jetzt den Kaffee langsam durch einen Kaffeefilter giessen. Gerne wird in Brasilien ein Flanellsäckchen anstelle eines Kaffeefilters verwendet. Man trinkt Cafezinho schwarz oder mit ein wenig Sahne.

CAFÉ COM LEITE

Wird ähnlich zubereitet wie Café au Lait, aber mit deutlich mehr Milch als Kaffee!

Erst soviel heiße Milch in die Tasse gießen, bis der Gast „Stop" sagt. Dann mit Espresso oder Filterkaffee auffüllen.

SENEGALESISCHER KAFFEE

CAFÉ TOUBA

Zutaten

40 g Arabica-Kaffee

10 bis 15 Selim-Pfefferschoten (auch Mohrenpfeffer, Guinea-Pfeffer oder falscher Pfeffer genannt, eine seltene Pfefferspezialität aus Senegal, dessen Geschmack an Kampfer, Kardamom, Lorbeer und Pfeffer erinnert)

Zubereitung

10 bis 15 Selim-Pfefferschoten mit einem Mörser zerkleinern und fein mahlen, anschließend mit dem Arabica Kaffee mischen und wie gewohnt zubereiten.

INDISCHER KAFFEE

KAAPI KAFFEE

Zutaten

1-2 EL folgender Kaffeemischung:

80% gemahlene Kaffeebohnen mittlerer Röstung und 20% fein gemahlene Bohnen mit Zichorienwurzel (auch Zichorienkaffee genannt - im Internet erhältlich)

Zubereitung

Der indische Kaffee wird im Metallfilter zubereitet. Der Kaffee ist sehr stark. Nur 1-2 EL des Filterkaffees in eine Tasse mit heißer Milch einrühren und je nach Bedarf mit Zucker süssen. In Indien wird der Kaffee danach schaumig geschüttelt und in einer typischen Edelstahltasse serviert.

HEIßE KAFFEEMISCHUNGEN OHNE ALKOHOL

DALGONA KAFFEE (KOREA)

Zutaten für 1 Person

200ml Milch
4 TL Instant-Kaffee 4 TL Zucker
4 TL heisses Wasser

Zubereitung

Als erstes das Instant-Kaffeepulver, den Zucker mit dem Wasser in einer Schüssel mit einem Schneebesen zu einer festen Creme schlagen. Das kann bis zu 10 Minuten dauern! Dann die heiße Milch in ein großes Glas füllen und die angerührte Creme darauf geben.

Tip. Man kann Dalgona Kaffee auch mit kalter Milch und Eiswürfeln zubereiten und dann als Topping die Creme aufsetzen und servieren.

KARAMELL KAFFEE

Zutaten für 1 Person

100ml Kaffee

100ml Vollmich

50ml Sahne

1 EL Karamellsoße

1 TL Haselnuss Krokant

1 TL Zimt/Vanille/Kakao-Mischung

Zubereitung

Als erstes die Sahne steif schlagen. Dann die Milch zusammen mit der Karamellsosse in einen Milchaufschäumer geben und Milchschaum erzeugen. Nun etwas Vanille, Zimt und Trink-Kakaopulver zusammenmischen, sodass ca. 1 TL Gewürz entsteht. Diese Gewürzmischung in den heissen Kaffee einrühren. Jetzt den geschäumten Karamell darauf geben und oben drauf noch die Sahne. Mit etwas Karamellsoße beträufeln und den Haselnuss Krokant darüber streuen.

YUAN YANG (HONGKONG)

Besteht aus 50% sehr starkem schwarzen Kaffee und 50% sehr starkem schwarzen Tee. Man trinkt ihn mit etwas Kondensmilch und Eis.

EIERKAFFEE (VIETNAM)

Ist ein Kaffee dem ein mit Milch erwärmtes Eigelb hinzugefügt wird.

HEIßE KAFFEEMISCHUNGEN MIT ALKOHOL

KANARISCHER KAFFEE

Je nach Region Barraquito oder auch Zaperoco genannt (Teneriffa).
Dafür alleine lohnt es sich nach Teneriffa zu reisen. Purer Genuss, als Dessert, am nachmittag zum Kuchen oder auch abends in geselliger Runde.

Zutaten für 1 Person

1 Espresso
30ml Span. Likör 43
30ml Kondensmilch
Milchschaum
etwas Zimt
Limettenspalte

Zubereitung
In ein hohes, schmales Glas die Kondensmilch hineingeben, dann den Likör 43 über einen umgedrehten Löffel an der Innenseite des Glases langsam einfließen lassen, damit eine zweite Schicht entsteht. Danach den vorbereiteten Espresso langsam

über den Löffel ins Glas fließen lassen. Abschließend eine Schicht Milchschaum und/oder eine Sahnehaube aufsetzen. Mit etwas Zimt bestreuen und mit der Limettenspalte garnieren.

FIAKER (ÖSTERREICH)

Zutaten
2 Kaffeelöffel fein gemahlener Kaffee
2 Kaffeelöffel Zucker
1 Tasse heisses Wasser
2cl Schnaps (Kirschwasser, Himbeergeist)

Den Kaffee zubereiten, in ein Glas füllen und mit dem Schnaps aufgießen. Heiß servieren.

BIEDERMEIER (ÖSTERREICH)

Zutaten
1 Tasse Mokka
Zucker
10-20ml Marillenlikör
40ml Schlagsahne

Zubereitung
Den evtl. etwas gesüßten Mokka zubereiten und in eine grosse Tasse füllen, dann die Schlagsahne darauf geben und mit dem Likör übergiessen. Heiß servieren.

SCHWEDISCHER KAFFEEPUNSCH

Zutaten

4 Kaffeelöffel Kaffee

0,4l weißen Portwein

0,4l Rum

500ml Wasser

100g Kandiszucker

Zubereitung

Als erstes den Kaffee kochen. Dann in einem Topf den Kaffee zusammen mit dem Portwein und dem Rum erhitzen, aber nicht kochen. Nun den Kandiszucker einrühren, bis er aufgelöst ist. Jetzt in Tassen abfüllen und servieren.

SCHOTTISCHER KAFFEE

Zutaten für eine Person

150ml Kaffee

30ml Sahne

1/2 Päckchen Vanillezucker

1TL braunen Zucker

30ml Whisky

1TL Haselnuss-Krokant

Die Sahne mit dem Vanillezucker halbsteif schlagen. Dann einen Löffel Zucker in ein feuerfestes Glas füllen. Den Whisky erwärmen und in das Glas geben, anzünden und kurz brennen lassen. Danach mit dem heißen Kaffee aufgießen. Zum Schluß die geschlagene Sahne als Haube oben aufsetzen und mit Krokant garnieren.

ESPRESSO CORRETTO
(ITALIEN – MIT GRAPPA) ODER

CAFFÉ CARACHILLO
(SPANIEN – MIT VETERANO)

Zutaten
1 Espresso
Brauner Zucker
2cl Grappa/Veterano

Zubereitung
Die Hälfte des Alkohols in die Tasse giessen und mit dem frisch gekochten, Espresso auffüllen. Dazu wird brauner Zucker gereicht. Die andere Hälfte des Alkohols wird im Glas dazu serviert. Wenn der gesüßte Espresso getrunken ist, wird der restliche Alkohol in die Tasse gegossen und mit den Zuckerresten vermischt und genossen.

PHARISÄER (NORDFRIESLAND)

Zutaten für 2 Personen
250ml starker Kaffee
60ml brauner Rum
4 Stück Würfelzucker
50g Sahne

Zubereitung
Die Sahne steif schlagen und kühlen. Den Kaffee zwischenzeitlich zubereiten. Den Rum in einem kleinen Topf erwärmen. 2 Würfelzucker in eine Tasse geben und mit dem heißen Kaffee übergießen. Dann den Rum hinzufügen und jeweils eine Sahnehaube darauf geben und heiß servieren. Das Getränk wird nicht gerührt, sondern durch die Sahnehaube getrunken.

IRISH COFFEE (IRLAND)

Zutaten
1 Tasse Kaffee
4cl Whisky
1TL braunen Zucker
25g Schlagsahne Vanillezucker

Zubereitung

Sahne mit etwas Vanillezucker steif schlagen. Dann eine Tasse vorwärmen und den Whisky mit dem Zucker darin vermengen. Wenn sich der Zucker aufgelöst hat, mit dem frisch zubereiteten Kaffee übergießen und mit einer Sahnehaube bedecken.

RÜDESHEIMER KAFFEE ((DEUTSCHLAND)

Zutaten für 1 Tasse Kaffee
2 EL Sahne
6cl Asbach Uralt
3 Würfelzucker
etwas geriebene Schokolade

Zubereitung

Den Kaffee zubereiten. Dann den Asbach Uralt erwärmen. Eine große Tasse ebenfalls anwärmen und den Würfelzucker hineingeben. Nun den erhitzten Asbach Uralt über den Zucker gießen und mit einem langen Streichholz entzünden. Etwa eine Minute brennen lassen, dabei mit einem langstieligen Löffel rühren. Nun den heissen Kaffee hinzufügen und eine Haube mit Schlagsahne aufsetzen. Mit Schokoladenraspeln dekorieren. Der Rüdesheimer Kaffee wird nicht umgerührt, sondern durch die Sahnehaube oder mit einem Strohhalm getrunken.

SCHWATTEN (NORDDEUTSCHLAND)

Zutaten
1 Tasse Kaffee
2cl Korn

Zubereitung
Eine Tasse milden Kaffee kochen. Dann dem Kaffee den etwas erwärmten Korn beimischen.

MEXICAN COFFEE

Zutaten
150ml Kaffee
2cl brauner Rum
2cl Kaffeelikör
1 TL braunen Zucker
1 EL geschlagene Sahne

Zubereitung
Den braunen Zucker zusammen mit dem Rum und dem Kaffeelikör in einem Topf erwärmen. Anschließend in eine vorgewärmte Tasse oder Glas gießen und mit dem frisch zubereiteten Kaffee auffüllen. Mit einer Sahnehaube garnieren und heiß servieren.

HIMMLISCHE VERSUCHUNG

Zutaten

1 Espresso

4cl Eierlikör

Kakaopulver

Milchschaum

Zubereitung

Den Eierlikör in ein hohes Glas giessen, dann den heißen Espresso darauf laufen lassen. Als Abschluss eine Milchschaumhaube aufsetzen und mit Kakaopulver bestäuben.

CAFÉ PUCCI

Zutaten

50ml starker Espresso

2cl Amaretto

2cl braunen Rum

1 EL geschlagene Sahne

Zubereitung

Zunächst Espresso kochen. Dann eine Tasse erwärmen. Den Amaretto und den Rum in die Tasse giessen und mit dem Espresso aufgießen. Danach mit einer Sahnehaube garnieren.

EISGEKÜHLTE KAFFEEMI-SCHUNGEN OHNE ALKOHOL

FRAPPÉ - GRIECHISCHER EISKAFFEE

Zutaten

1 EL Instant-Kaffeepulver

1 EL Zucker

Milch

Wasser

Eiswürfel

Zubereitung

Das Kaffeepulver zusammen mit dem Zucker in ein hohes Glas füllen. Nun etwas Wasser hinzufügen und mit einem Mixer aufschäumen. Wenn sich Schaum gebildet hat, ein paar Eiswürfel hinzufügen und mit Wasser oder auch etwas Milch auffüllen.

Tipp: Als alkoholische Variante schmeckt der Frappé ebenfalls sehr köstlich. Zum Beispiel mit einem Schuss Bailey´s oder Amaretto.

MOCHA COLA (BRASILIEN)

Zutaten
60ml Espresso
80ml Cola
180ml Kakao
Eiswürfel

Zubereitung
Alle Zutaten zusammen in ein Glas geben und Eiswürfel hinzufügen. Mit Schlagsahne oder Vanilleeis toppen.

CAFÉ COM LIMÁO (PORTUGAL)

Zutaten
240ml gefilterter Kaffee Eiswürfel
Saft einer Zitrone
Evtl. Zucker

Zubereitung
Den abgekühlten Kaffee (bei Bedarf gezuckert) zusammen mit dem Saft einer Zitrone in ein großes Glas giessen, dann mit Eiswürfeln auffüllen.

CA PHE SUA DA (VIETNAM)

Zutaten für 1 Personen

1 Vietnamesischer Kaffeefilter (Filter aus Metall)
1,5 TL gemahlener Kaffee (Kaffee Robusta)
2 EL Gezuckerte Kondensmilch
1,5dl Wasser 1 Eiswürfel

Zubereitung
Zuerst 2 EL der gezuckerten Kondensmilch in ein dickwandiges Glas einfüllen. Dann den vietnamesischen Kaffeefilter auf das Glas aufsetzen und 3 gehäufte EL Kaffee hineingeben. Nun 5 EL heisses Wasser einfüllen, so dass der Kaffee einen Moment quellen kann. Dann heißes Wasser langsam nachgießen. Wenn der Kaffee durchgelaufen ist, den Filter abnehmen, gut umrühren und einen Eiswürfel hinzufügen.

CAFÉ DE OLLA (BRASILIEN/MEXIKO)

Zutaten

30g Kaffeepulver

90g brauner Zucker

1 l stilles Wasser

4-5 Nelken

2 Zimtstangen

Abrieb einer halben Orange

Zubereitung

Das Mineralwasser mit den Gewürzen und dem Orangenabrieb in einem Topf zum Kochen bringen. Dann auf kleiner Flamme 10 Minuten köcheln lassen. Anschließend das Kaffeepulver und den braunen Zucker einrühren und kurz aufkochen. Nun den Kaffee vom Herd nehmen und 5 Minuten ziehen lassen. Jetzt durch ein feines Kaffeesieb in eine Kanne abgießen und abkühlen lassen. Eiskalt servieren!

KAFFEESIRUP

Zutaten für 1 Flasche

5g Espresso-Bohnen

150g brauner Zucker

4 Kardamomkapseln

1 Vanilleschote

1 Sternanis

1 Zimtstange

400ml Wasser

Zubereitung

Das Wasser mit dem braunen Zucker in einem Topf aufkochen, bis dieser geschmolzen ist. Das Mark einer Vanilleschote entnehmen und die Kardamom-kapseln andrücken. Nun das Vanillemark samt der Schote mit dem Kardamom, dem Anis, der Zimt-stange und den Espresso-Bohnen dem Zuckerwas-ser hinzufügen. Alles gut verrühren und über Nacht ziehen lassen.

Am nächsten Tag den Sirup durch ein Sieb giessen, in eine sterile Flasche abfüllen und kühl aufbewah-ren.

Tipp: Schmeckt hervorragend im Latte Macchiato, in Cocktails, mit Sekt oder Gin, aber auch zu einem Vanilleeis, Pudding oder Törtchen.

COLD BREW COFFEE

Zutaten
150ml Cold Brew
Vanilleeis

Zubereitung
Gemahlenen Kaffee in ein Gefäß geben und mit kaltem Wasser aufgiessen (100g Kaffee auf 1Liter Wasser) Dann umrühren und 12 Stunden kalt stellen. Danach gründlich sieben und eine Tasse mit dem Cold Brew füllen. Nun noch eine Kugel Vanille Eis hinzufügen.

Tipp: Mit dem Cold Brew lassen sich auch viele andere Variationen erstellen. Mit Zitronensaft und Eiswürfeln oder mit Milch und Zucker schmeckt er eisgekühlt ganz hervorragend. Auch mit gezuckertem Kürbisrahmpüree als Topping ist der Cold Brew eine gelungene Kombination.

EISGEKÜHLTE KAFFEEMI-SCHUNGEN MIT ALKOHOL

EISKAFFEE MIT SCHUSS

Zutaten für 2 Personen

400ml Kaffee

100ml Sahne

30 ml Espressolikör oder Bailey's

4 Kugeln Vanille Eis

Kalte Milch

Zubereitung

Den Espresso zubereiten und abkühlen lassen. Dann in zwei hohe Gläser jeweils 2 Kugeln Vanille Eis füllen. Nun 2 EL Espressolikör über das Eis gießen und mit ein wenig Milch angiessen. Danach mit dem kalten Kaffee auffüllen. Zum Schluß eine Haube aus steif geschlagener Sahne aufsetzen.

TEQUILA-KAFFEE

Zutaten

50ml Espresso

50ml Tequila

Zubereitung

Zunächst den Espresso zubereiten und abkühlen lassen. Danach in ein Glas geben, den Tequila hinzufügen und umrühren.

KAFFEESEKT

Zutaten

50ml Espresso

100ml Sekt

50ml Tonic

10g Zucker

Eiswürfel

Zubereitung

Als erstes den Espresso zubereiten. Dann mit Zucker süssen und abkühlen lassen. Ein in einem Glas Tonic, Sekt und den gezuckerten Espresso vermischen und die Eiswürfel hinzufügen.

DESSERT

KAFFEE-LIKÖR-EIS

Zutaten
40ml Espresso
50ml Espressolikör
200ml gezuckerte Kondensmilch
300ml Sahne
1 Prise Salz

Zubereitung
Den Espresso zubereiten und abkühlen lassen.
Dann einen kleinen kastenförmigen Gefrierbehälter mit Frischhaltefolie auslegen. Die Sahne schlagen und mit dem Espresso, dem Salz, dem Likör und der gesüssten Kondensmilch vermischen. Die Creme in die Form füllen und glatt streichen. Mit einer Frischhaltefolie abdecken und ins Eisfach stellen. Ab jetzt 5-6x stündlich umrühren.

TIRAMISU

Zutaten für 6 Personen

150ml sehr starken Kaffee

750g Mascarpone

175g Zucker

300g Löffelbisquit

6 Eigelb

3 Eiweiß

3 EL Amaretto

25g Kakao

Zubereitung

Den Zucker und die Eigelbe in einem Mixer verquirlen und den Amaretto unterrühren. Danach die Mascarpone hinzufügen, vorsichtig verrühren. Die Eiweiß schaumig schlagen und ebenfalls unter die Creme heben. Die Löffelbisquit kurz in den Kaffee tauchen und sobald sie sich vollgesaugt haben entnehmen. Den Boden einer Auflaufform mit der Mascarponecreme bestreichen und dann mit dem Löffelbisquit belegen. Danach die nächste Schicht Mascarpone auftragen und abschließend mit Kakao bestäuben. Nun über Nacht kühl stellen und eiskalt servieren.

SCHNELLER TIRAMISU MIT KIRSCHEN

Zutaten für 4 Personen

2g Instant-Espresso

200g Haferkekse

360g Sauerkirschen im Glas

240g Kokos-Joghurt

2 Pck.Vanillezucker

1 EL Kakaopulver

Zubereitung

4 Kekse für später weglegen, den Rest in kleine Stücke zerbröseln und auf 4 Gläser verteilen. Dann den Saft der Sauerkirschen abgießen und in einer Schüssel auffangen. Das Espressopulver in den Saft einrühren und über die Keksstücke gießen. Danach eine Schicht Kirschen in das Glas einfüllen, im Anschluß 1 Pckg. Vanillezucker darüber streuen und den Kokosjoghurt darüber streichen. Nochmals eine Packung Vanillezucker darüber verteilen. Abschließend den Kakao darüber sieben und mit den übrigen Keksen garnieren.

Nun nochmal für 30 Minuten in den Kühlschrank stellen, dann servieren.

KAFFEE-SCHICHTDESSERT IM GLAS

Zutaten für 2 Personen

100ml Kaffee

100g Joghurt

180g Quark

120ml Schlagsahne

8 TL Zucker

1 gehäufter TL Vanillezucker

150g Kekse (Löffelbisquit, Vollkornkekse, Amarettini, Schokocookies, je nach Vorliebe)

2 EL Backkakao

Zubereitung

Als erstes einen starken Kaffee zubereiten und abkühlen lassen. Dann die Sahne steif schlagen und im Kühlschrank aufbewahren. Als nächstes den Quark mit dem Joghurt, dem Vanillezucker und dem Zucker gut verrühren, bis sich der Zucker vollkommen gelöst hat. Jetzt vorsichtig die geschlagene Sahne unter die Quarkmasse heben. Nun die Kekse in den Kaffee tunken und etwas vollsaugen lassen. Dann in die Gläser zerkrümeln und so die erste Schicht bilden. Danach 1-2 EL der Creme darauf geben und mit etwas gesiebtem Kakao bestreuen. Im Anschluß wieder eine Schicht in Kaffee getunkte Kekse darüber geben und so weiter. Den

Abschluss bildet eine Schicht mit Creme. Mit ein paar Krümeln Keks und Kakaopulver dekorieren und für 2 Stunden kühl stellen, damit sich das volle Aroma entfalten kann.

EINFACHE KAFFEE-CREME

Zutaten für eine Person
35g Instant-Kaffee
160g Zucker
150ml Wasser

Zubereitung
Eisgekühltes Wasser zusammen mit dem Zucker und dem Kaffee in einer Schüssel vermischen. Dann mit einem Handmixer quirlen bis eine feste Masse entstanden ist. Dann die Creme in Sektschalen füllen und als Dessert servieren.
Sie kann auch als Kaffeecremeschicht in oder auf Kuchen verwendet werden.

KAFFEE-CREME MIT INGWER UND LIKÖR

Zutaten für 2 Personen

4 Tassen Espresso

1 EL Kaffeelikör

2 Pckg. Qimiq*

4 Kaffeebohnen

2 Scheiben Ingwer 4EL brauner Zucker

Zubereitung

Als erstes 4 Tassen Espresso zubereiten und abkühlen lassen. Das Qimiq aus dem Kühlschrank nehmen, damit es Zimmertemperatur beim späteren Einrühren hat. Dann zwei Scheiben Ingwer schälen und sehr fein würfeln. Dann den braunen Zucker in einen Topf füllen und erwärmen. Anschließend den Ingwer hinzufügen und beides kurz karamellisieren lassen. Vom Herd nehmen und nun mit dem Espresso ablöschen und den Ingwerzucker kräftig einrühren. Danach etwas Kaffeelikör dazugeben, verrühren und leicht abkühlen lassen. Jetzt das Qimiq in die lauwarme Kaffeemischung geben und verrühren, bis sie weiter abgekühlt ist. Dann in Förmchen gießen und kalt stellen. Vor dem Servieren mit etwas Puderzucker und ein paar Kaffeebohnen dekorieren.

*Qimig = Sahne mit Gelatine

WEIßE CREME MIT KIRSCHEN UND KAFFEE

Zutaten für 4 Personen

3 EL Kaffeebohnen

250ml Sahne

5 EL Zucker

200g entsteinte Kirschen

200g Kekse (nach Belieben)

2 TL Speisestärke

50ml Kirschsaft

1 TL Vanilleextrakt

1 TL Zitronensaft

1 Prise gemahlenen Kardamom

Zubereitung

Einen Tag zuvor die Kaffeebohnen mit der Sahne aufkochen, abkühlen lassen und über Nacht im Kühlschrank stehen lassen zum Ziehen. Nun die Kirschen mit dem Kirschsaft und dem Zitronensaft und der Hälfte des Zuckers, dem Kardamom und der Vanille aufkochen und 5 Minuten leicht köcheln lassen. Im Anschluß die Speisestärke mit ein wenig Kirschsaft anrühren, darauf achten, dass keine Klümpchen mehr vorhanden sind und zu den Kirschen geben. Jetzt alles kurz aufkochen lassen, damit die Flüssigkeit etwas eindickt.

Nun beiseite stellen und abkühlen lassen.

Die am Vortag vorbereitete Sahne mit den Kaffeebohnen dann durch ein Sieb gießen. Danach die
aufgefangene Sahne mit dem restlichen Zucker mit
einem Handmixer aufschlagen. Daraufhin die Kekse
grob zerkleinern und die Kirschmasse in 4 Gläser
einfüllen. Anschließend die Kekse darüber krümeln
und mit der Kaffeesahne abschließen. Mit ein paar
Kirschen garnieren.

KAFFEE PANNA COTTA

Zutaten für eine Person
30ml starken Kaffee
40ml Milch
100ml Sahne
1/2 EL braunen Zucker
1/4 TL Vanille Zucker
1/2 Blatt Gelatine
Schokoraspeln

Zubereitung
Die Milch mit der Hälfte der Schlagsahne, dem Vanillezucker und dem Kaffee in einem Topf aufkochen und ca.10 Minuten einkochen lassen. Dabei
umrühren damit nichts anbrennt.
Währenddessen ein halbes Gelatineblatt in kaltem

Wasser einweichen. Nun die Gelatine aus dem Wasser nehmen und etwas ausdrücken, dann der Milchmischung beifügen. Umrühren, bis sich alles aufgelöst hat.

Dann die Panna Cotta Creme in das Glas füllen und verschlossen über Nacht kühlen.

Vor dem Servieren 25ml Sahne mit etwas Zucker und Vanillezucker halb steif schlagen. Dann als dekorative Haube dem Panna Cotta Dessert aufsetzen und mit ein paar Schokoraspeln bestreuen.

Tipp: Wer anstelle normaler Schlagsahne sofort zu Qimiq (Sahne MIT Gelatine) greift, hat es einfacher. Man erspart sich das lästige Auflösen und Einrühren der Gelatine.

EINGEMACHTE PFIRSICHE MIT KAFFEESIRUP

Zutaten für 3 Gläser

3 TL Kaffeebohnen

100ml Espresso

1,5kg Pfirsiche

500g Zucker

2EL Kardamomkapseln

1 Orange

Zubereitung

Die Orange heiß abwaschen und feine Zesten der Schale abziehen. Nun die Samen der Kardamomkapsel herauslösen und diese mit der Orangenschale, dem Espresso, dem Zucker und 400ml Wasser in einem Topf aufkochen und ein paar Minuten köcheln lassen. Nun einen großen Topf mit Wasser füllen, dies aufkochen und dann die Pfirsiche hineingeben. Nach einer Minute die Pfirsiche wieder entnehmen und mit eiskaltem Wasser abschrecken. Dann die Schalen der Früchte ablösen, halbieren und den Stein entfernen. Nun die halbierten Pfirsiche in Einmachgläser füllen, die Kaffeebohnen auf die Gläser verteilen und mit dem zubereiteten Espresso-Sirup aufgießen, so dass die Früchte bedeckt sind. Die Orangenzesten ebenfalls auf die Gläser verteilen. Dann die gut verschlossenen Einmachgläser in einen Topf mit Wasser stellen. Das Wasser sollte bis kurz unter den Glasdeckel reichen. Jetzt das Wasser auf 80-90Grad erhitzen uns die Pfirsiche 35-45 Minuten lang einkochen lassen. Dann die Gläser wieder entnehmen und abkühlen lassen. Die Einmachgläser sollten nun fest verschlossen und das Obst damit für längere Zeit haltbar sein. Kühl und abgedunkelt verwahren. Das eingelegt Obst schmeckt als Dessert sehr gut zu Vanilleeis.

GEBÄCK & PRALINES

KAFFEE-LEBKUCHEN

Zutaten

3 TL Instant-Kaffee

650g Mehl

100g Butter

125g Zucker

275g Honig

1 Ei

1/2 Pk. Lebkuchengewürz

15g Kakaopulver

1/2 Pk. Backpulver

1/2 Prise Salz

1 Eiweiß

75g Puderzucker

Zubereitung

Die Butter mit dem Honig, dem Lebkuchengewürz, dem Kaffee und dem Kakao zusammen in einen Topf geben und erwärmen. Nicht kochen! Gut verrühren damit sich eine homogene Masse bildet. Dann vom Herd nehmen und abkühlen lassen. Nun das Mehl in eine Schüssel geben und das Backpulver unterrühren. Danach eine Mulde in der Mitte formen und dort das Salz, das Ei und die Butter-Honigmasse hineingeben. Jetzt alles gut verkneten. Einen Laib formen und 1 Tag bei Zimmertemperatur ruhen lassen.

Tagsdrauf den Backofen auf 180 Grad vorheizen Dann die Arbeitsfläche bemehlen und den Teig darauf ausrollen. Mit den Lieblingsförmchen ausstechen und auf einem mit Backpapier belegten Backblech auslegen. Nun die Plätzchen für 12-15 Min auf mittlerer Schiene backen. In der Zwischenzeit die Glasur vorbereiten, indem der Eischnee geschlagen und 150g Puderzucker dazu gesiebt wird. Dann einrühren bis eine zähe Masse entstanden ist, diese in einen Spritzbeutel füllen und die abgekühlten Lebkuchen damit dekorieren.

KAKAO-KAFFEE-PLÄTZCHEN

Zutaten
1 TL Instant-Kaffeepulver 160g Mehl
150g Butter
30g Kakaopulver
40g Puderzucker
30g Schokoraspeln
Evtl. Kuvertüre oder Schokolierte Kaffeebohnen

Zubereitung

Das Mehl mit dem Kakao und dem Puderzucker in eine Schüssel sieben. Dann das Instant-Kaffeepulver, die Schokoraspeln und die gewürfelte Butter mischen und verkneten. Danach Rollen mit ca. 3cm Durchmesser formen und diese für 25 Minuten kalt stellen. In der Zwischenzeit den Backofen auf 160 Grad vorheizen. Nun von den Rollen 5mm dicke Scheiben abschneiden und auf ein mit Backpapier belegtes Backblech legen. Dann 12-15 Minuten backen. Zum Abkühlen auf ein Kuchengitter legen. Bei Bedarf mit Kuvertüre bestreichen und mit einer schokolierten Kaffeebohne dekorieren.

KAFFEE-KISSEN

Zutaten
Für die Kekse
1 TL Instant-Espressopulver
130g Butter
250g Mehl
1 Ei
2 EL Kakaopulver
80g Puderzucker
80g geriebene Nüsse

Für die Creme

2 TL Instant-Espressopulver

200g weiße Schokolade

200g Sahne

Für die Glasur

4 TL kalter Kaffee

6 EL Puderzucker

30 Schoko-Mokkabohnen

Zubereitung

Zuerst den Backofen auf 180Grad vorheizen. Dann die Butter mit dem Mehl, dem Ei und dem Kakaopulver verrühren. Nun noch das Kaffeepulver, den Puderzucker und die Nüsse hinzufügen. Alles gut miteinander verkneten und einen Laib daraus formen. Diesen in Frischhaltefolie wickeln und für 20-30 min in den Kühlschrank legen.

Danach auf einer bemehlten Arbeitsfläche den Teig ausrollen und mit einem rechteckigen oder quadratischen Keksausstecher den Teig ausstechen und auf ein mit Backpapier belegtes Backblech legen. Anschließend für 10 Minuten backen und danach auf einem Küchenrost auskühlen lassen.

Die weisse Schokolade fein hacken und in eine Schüssel geben. Nun die Sahne aufkochen, über die weiße Schokolade geben und umrühren, bis die Schokolade völlig geschmolzen ist. Jetzt das Kaffeepulver hinzufügen und gründlich einrühren. Abkühlen lassen, für mindestens 2 Stunden in den Kühlschrank stellen oder ins Gefrierfach, um die Zeit zu verkürzen.

Danach die gut durchgekühlte Creme mit einem Handrührgerät mixen bis sie eine feste Konsistenz hat. Dann in einen Spritzbeutel füllen und auf eine Hälfte der Kekse einen Klecks Creme spritzen. Im Anschluß die andere Kekshälfte aufsetzen und andrücken.

Nun den Puderzucker mit dem kalten Kaffee verrühren, je einen Klecks auf einen Keks auftragen und darauf eine Mokkabohne setzen. Dann die fertigen Kekse kühlen, damit die Creme fest wird.

SCHOKO-KAFFEE BUSSERL

Zutaten

2 EL starker Kaffee

1 EL Butter

1 Ei

80g Zucker

60g Mehl

50g gemahlene Mandeln

50g Puderzucker

1/2 TL Zimt

100g Zartbitterschokolade

Zubereitung

Die Schokolade grob zerkleinern und mit der Butter und dem zuvor zubereiteten Kaffee über einem Wasserbad schmelzen.

Dann 30g Zucker mit dem Ei schaumig schlagen und die Mandeln, das Mehl und den Zimt unterrühren. Nun die geschmolzene Schokolade hinzufügen und gut vermengen. Den Teig zu einem Laib formen und für 2 Stunden kühlen. Den Ofen auf 180 Grad (Ober- Unterhitze) vorheizen. Danach den mittlerweile festen Teig in 12 Portionen teilen und zu Kugeln formen. Anschließend die restlichen 50g Zucker in eine Schüssel und den Puderzucker in eine andere Schale geben.

Nun die Kugeln zuerst im Zucker dann im Puderzucker wälzen. Im Anschluss die gezuckerten Kugeln auf ein mit Backpapier belegtes Backblech legen und 15 Minuten backen.

PRALINEN-KEKSE MIT KAFFEE

Zutaten
2 TL Instant-Kaffeepulver
70 Schoko-Kaffeebohnen
130g Butter
40g Mehl
110g Speisestärke
1/2 TL Vanillemark
1/2 TL Zimt
50g Puderzucker
15g Kakao
100g Zartbitterkuvertüre

Zubereitung
Als ersten den Backofen auf 170 Grad (Ober/Unterhitze) vorheizen. Dann 10g des Kakaos mit dem Kaffeepulver, der Speisestärke und dem Vanillemark sowie dem Puderzucker vermischen. Nun die kalte Butter in Würfel schneiden und mit den anderen Zutaten zu einem glatten Teig verarbeiten. Als

nächstes ein Backblech mit Backpapier belegen, haselnußgroße Kugeln aus dem Teig rollen und in deren Mitte eine Schoko-Kaffeebohne stecken. Die Kugeln auf dem Backblech verteilen, ca. 7 Minuten backen und danach auskühlen lassen. Anschließend mit dem restlichen Kakaopulver bestreuen. Zum Schluß die Zartbitterkuvertüre in einem Wasserbad erwärmen und in einen Spritzbeutel füllen. Dann die Schokolade wie ein Gitter dekorativ über den kleinen Pralinen-Keksen verteilen.

ESPRESSO-BAISER

Zutaten
1 TL Instant-Espresso
8 Kaffeebohnen
2 TL Kakao
2 Eiweiß
75g Zucker
50g Puderzucker
1 Pckg. Zartbitterkuvertüre

Zubereitung
Zunächst den Backofen auf 80Grad Ober/Unterhitze vorheizen. Dann das Eiweiß mit einem Handmixer auf höchste Stufe aufschlagen und dabei

langsam den Zucker nach und nach hinzufügen, bis ein Messerschnitt sichtbar bleibt. Nun den Puderzucker und den Kakao über den Eischnee sieben, dann das Espressopulver ebenfalls dazu geben und alles vorsichtig unterziehen. Nun mittels zwei Teelöffeln haselnussgroße Kleckse auf ein mit Backpapier belegtes Backblech geben. Anschließend langsam im Backofen ca. 1,5 Stunden trocknen lassen. Abschließend die Zartbitterkuvertüre schmelzen und gitterförmig über die Baisers ziehen. Dann die grob zerkleinerten Kaffeebohnen darüber streuen.

KAFFEE-PRALINEN

Zutaten

1 TL Instant-Espressopulver

3 EL Backkakao

2 EL Kokosraspeln

15g Kokosfett

150g Kuvertüre zartbitter

100g Kuvertüre Vollmilch 80ml Sahne

30g Schoko-Mokkabohnen

Zubereitung

Die Sahne in einem Topf erhitzen. Das Kokosfett und die Kuvertüre hacken und zusammen mit dem Espressopulver in der Sahne schmelzen lassen. Gut verrühren und die Mischung zum Abkühlen in eine Schüssel füllen. Ein Frischhaltefolie darauf legen und für 3 Stunden kühlen. Dann die Mischung mit einem Handmixer kurz aufschlagen und erneut für 30 Minuten ruhen lassen. Anschließend 30 kleine Kugeln aus der Masse formen und jeweils eine Mokkabohne und die Mitte drücken. Die Masse muss ziemlich fest sein, damit dies gelingt. Ist sie zu weich, bitte länger kühlen. Dann eine Hälfte der Kügelchen im Backkakao und die andere Hälfte in den Kokosraspeln rollen. Anschließend auf einem Backpapier wiederum mindestens 2 Stunden kalt stellen. Trocken und kühl lagern.

KUCHEN

KAFFEE-KUCHEN

Zutaten

Teig:

50ml starken Kaffee

50ml Baileys

170g Butter

110g Zucker

150g Mehl

3 Eier

1 EL Kakaopulver

10g Backpulver

30g Speisestärke

Belag:

25g Instant-Cappuccinopulver

400ml Sahne

3-4 EL Krokant

5 EL Baileys

1Pckg. Sahnesteif

50g Puderzucker

Zubereitung

Als erstes den Backofen auf 180Grad Ober/Unterhitze vorheizen. Die Butter auf Zimmertemperatur erwärmen und mit dem Zucker vermischen. Dann die Eier schaumig schlagen und unter die Zuckerbutter rühren. Nun das Mehl mit dem Backpulver, dem Kakaopulver und der Speisestärke mischen und unter die Eiermasse rühren. Danach den kalten Kaffee und den Baileys dazugeben und alles gut verrühren.

Anschließend eine Springform einfetten, den Teig hinein füllen und für 30 Minuten backen.

Dann den Kuchen heraus nehmen, abkühlen lassen und eine gerade Bodenplatte daraus schneiden, d.h. die Erhebung in der Mitte wegschneiden, klein bröseln, mit dem Krokant vermischen und beiseite stellen.

Nun die Sahne mit dem Sahnesteif schlagen und das Cappuccinopulver sowie den Puderzucker einrühren.

Dann die Bodenplatte mit dem Baileys beträufeln, die Cappuccinosahne darauf streichen und abschließend mit den Krokantbröseln bedecken.

ESPRESSO-NUSS-KUCHEN

Zutaten

100ml Espresso

100g Weizenmehl

1 TL Backpulver

100g Butter

130g Zucker

2 TL Vanillezucker

4 Eier

150g Magerquark

200g gemahlene Haselnüsse

100g gemischte Nüsse (Haselnuss, Walnuss, Mandeln)

60g Schokoladenraspeln

60g Honig

1 Prise Salz

Zubereitung

Als erstes den Backofen auf 180Grad Ober/Unterhitze vorheizen. Dann die weiche Butter mit dem Vanillezucker und dem Zucker schaumig schlagen und nach und nach die Eier dazugeben und gut verquirlen. Als nächstes den Espresso und den Quark hinzufügen. Danach das Mehl mit dem Backpulver vermischen und und in die Eiermasse hinein sieben. Nun die gemahlenen Haselnüsse einrühren.

Den Teig halbieren. Einer Hälfte die Schokoraspeln unterziehen. Die Hälfte des hellen Teiges in eine gefettete Auflaufform füllen. Die nächste Schicht mit den Schokoraspeln in die Form gießen und dann wieder mit dem restlichen hellen Teig abschließen. Nun den Kuchen für 30 Minuten in den Ofen geben. Währenddessen die Nussmischung grob hacken und mit Honig und Salz vermengen. Dann den Kuchen herausnehmen und die Masse auf dem Kuchen verteilen. Danach den Kuchen erneut für 30 Minuten in den Ofen schieben. Den nussigen Espresso-Kuchen erst auskühlen lassen und dann aus der Form nehmen.

SCHOKO-KAFFEE-KUCHEN

Zutaten

220g Weizenmehl

2 TL Backpulver

2 Eier

180g Butter

150g Zucker

100ml Sahne

50g gemahlene Haselnußkerne

2 EL Kakaopulver

100g Zartbitter-Schokolade
50g Schokoraspeln zartbitter
Salz

Zubereitung

Als erstes den Backofen auf 200Grad Ober/Unterhitze vorheizen und eine Kastenform einfetten. Dann die weiche Butter mit dem Zucker schaumig schlagen und nach und nach die Eier hinzufügen und gut verrühren. Danach das Mehl mit dem Backpulver und einer Prise Salz mischen und in die Eiermischung hinein sieben. Anschließend den Kakao, die Haselnüsse unter mischen. Nun 2 EL des Espresso beiseite stellen und den Rest samt Kaffeesatz zum Teig geben. Gut verrühren. Nun den Kuchen in die Form füllen und 30 min backen. Währenddessen die Schokolade grob hacken und mit den 2 EL Espresso und der Sahne in einem Topf aufkochen und zum Schmelzen bringen. Wenn eine cremige Masse entstanden ist, vom Herd nehmen und etwas abkühlen lassen. Den Schoko-Kaffee-Kuchen aus dem Ofen nehmen und wenn er abgekühlt ist, mit der Espresso-Schoko-Glasur bestreichen und die Schokoraspeln aufstreuen.

LIKÖRE

Die beiden folgenden Rezepte sind dem Buch
„Liköre - selbst gemacht" entnommen.
Capt. Swings Geheime Bibliothek.

KAFFEELIKÖR

Dieses Rezept ergibt ca. 1,2 Liter Likör
Zubereitungszeit: 20 min

Zutaten

400ml starker Kaffee

300g Zucker

200g Sahne

300ml braunen Rum

Zubereitung

Den vorher zubereiteten starken Kaffee oder Espresso mit dem Zucker und der Sahne in einem Topf aufkochen und etwas köcheln lassen, bis der Zucker geschmolzen ist. Dabei immer gut rühren, damit nichts anbrennt. Wenn die Flüssigkeit etwas abgekühlt ist, den Rum untermischen und mittels Trichter in Flaschen abfüllen.

BAILEYS

Das Rezept ergibt ca.1 Liter

Zubereitungszeit: 30 min

Zutaten

800ml Sahne

400g Puderzucker

2 Msp. Vanillepulver

      alternativ 1 Päckchen Vanillezucker

4 EL Roh-Kakao

6 Stück Eigelb

40ml Espresso, stark

100ml Rum

Zubereitung

Die Hälfte der Sahne in einen Topf gießen und erwärmen, dann den Roh-Kakao hineingeben und solange einrühren, bis keine Klümpchen mehr zu sehen sind. Wenn der Kakao sich aufgelöst hat, den Vanillezucker sowie den Puderzucker hinein sieben, ebenfalls verrühren bis sich alles aufgelöst hat. Die restliche Sahne, das Espressopulver und die Eigelbe schaumig rühren und zur Kakao- Mischung dazu geben. Verrühren und abkühlen lassen. Letztendlich den Rum hinzufügen, mixen, in eine Flasche abfüllen, verschließen und kühl lagern.

SPEISEN

SALAT MIT KAFFEE-VINAIGRETTE

Zutaten für 2 Personen

1/2 TL Instant-Espressopulver

250g Salat (Feldsalat, Lollo Rosso, Eisberg)

30g Pinienkerne

30g Datteln

20g Petersilie

1 EL Ahornsirup

1 Mandarine

1/2 EL mittelscharfer Senf (oder Feigensenf)

3 EL Aceto Balsamico

5 EL Olivenöl

Pfeffer

Salz

Zubereitung

Den Salat putzen und waschen. Die Petersilie ebenfalls waschen und fein hacken. Dann die Pinienkerne ohne Fett in einer kleinen Pfanne anrösten. Danach die Datteln in kleine Stücke schneiden. Nun
wird die Vinaigrette zubereitet, indem als erstes
die Mandarine ausgepresst wird. Den Saft mit dem
Espressopulver, dem Ahornsirup, dem Senf sowie
dem Essig vermischen.

Nun das Olivenöl mit einem Schneebesen unterrühren. Wenn eine cremige Salatsosse entstanden ist, mit Pfeffer und Salz abschmecken. Den Salat auf Salattellern anrichten und mit der Vinaigrette beträufeln und servieren.

ESPRESSO-MÜSLI MIT OBST

Zutaten für 2 Personen
2EL Instant-Espressopulver
250ml Vanillemilch (oder Sojamilch)
6EL Früchtemüsli
200g Mango
200g Himbeeren (oder Waldbeeren)

Zubereitung
Die Vanillemilch erwärmen und das Espressopulver, sowie das Müsli hinzufügen. Kurz köcheln lassen. In der Zwischenzeit die Mango schälen und würfeln. Dann das Müsli in eine Schale geben und mit den Beeren sowie den Mangostücken garnieren.

KÜRBIS-KAFFEE-SUPPE

Zutaten für 4 Personen

300g Kürbis

100g Karotten

1 Zwiebel

40g Kaffeebohnen

1l Gemüsebrühe

40g Butter

100ml Sahne

2 EL Kürbiskernöl

eine Hand voll Kürbiskerne

Zubereitung

Als erstes den Kürbis schälen, entkernen und in mundgerechte Stücke schneiden. Danach die Möhren schälen und ebenfalls würfeln. Etwas Butter in eine Pfanne geben und schmelzen lassen, dann darin die geschälte und gewürfelte Zwiebel andünsten. Nun die Karotten-und Kürbisstücke hinzufügen und mit dünsten. Nun die gemahlenen Kaffeebohnen der Gemüsebrühe hinzufügen und ein paar Minuten ziehen lassen. Dann die Brühe durch ein Sieb abseihen und zum Gemüse geben. Die Suppe 15 Minuten köcheln lassen, bis das Gemüse weich ist. Dann mit einem Stabmixer pürieren und nochmals durch ein Sieb abgiessen. Zuletzt noch die Sahne einrühren.

Die Suppe auf Tellern anrichten, etwas Kürbiskernöl darüber träufeln und mit Kürbiskernen be-
streut servieren.

FILETTOPF MIT KAFFEESOßE

Zutaten für 2 Personen

60ml Kaffee

30g Zartbitterschokolade

350g Schweinefilet

200g frische Champignons

1/2 Zwiebel

100g Zuckerschoten

1 EL Öl, 1 EL Butter

1 EL Mehl

1,5 EL Ahornsirup

150ml Fleischbrühe

1 EL Sahne

Chiliflocken

Cayennepfeffer

Salz

Pfeffer

Zubereitung

Als erstes die Zwiebel schälen und fein würfeln. Dann die Zuckerschoten längs in Streifen schneiden und die frischen Champignons putzen und in Scheiben schneiden. Als nächstes das Schweinefilet in Scheiben schneiden und die Filetstücke in einem Bräter mit heißem Öl von beiden Seiten scharf anbraten. Dann herausnehmen und warm stellen. Danach im Bratfett die Zwiebeln andünsten und die Champignons mit anbraten. Nun die Butter mit den Zuckerschoten hinzufügen und ebenfalls andünsten. Jetzt mit Mehl bestäuben und dann mit dem Kaffee und der Brühe ablöschen. Gut rühren und erneut aufkochen lassen. Als nächstes die grob gehackte Schokolade in die Sosse geben und einrühren bis sie geschmolzen ist. Das Filet wieder hinzufügen.

Nun den Filettopf mit Sahne und Ahornsirup verfeinern und abschließend mit Chili und Cayennepfeffer, sowie Pfeffer und Salz abschmecken.

RINDERSTEAKS MIT KAFFEEKRUSTE

Zutaten für 2 Personen

2,5 TL Kaffeepulver

2 Rindersteaks

2 EL Paprikapulver rosenscharf

6 TL brauner Zucker

Oregano

Koriander (gemahlen)

Senfkörner (gemahlen)

Chilipulver

Ingwerpulver

Salz

Pfeffer

Zubereitung

Als erstes vermischst du alle Gewürze mit dem Zucker und dem Kaffeepulver. Schmecke die Paste ab und würze nach Bedarf mit Chili, Paprikapulver, Pfeffer und Salz nach. Dann gibst du auch etwas Salz auf die Steaks und reibst sie mit der Gewürzpaste ein. Danach zum Marinieren für mehrere Stunden in den Kühlschrank legen. Die Steaks anschließend raus stellen und auf Raumtemperatur erwärmen. Nun den Backofen auf 200 Grad vorheizen. In der Zwischenzeit die Steaks von beiden Seiten in einer Pfanne in heißem Öl für 2 Minuten anbraten, wobei eine Knus-

perkruste entstehen soll. Dann die Steaks im vorge-
heizten Backofen in einem Bräter für etwa 5 Minuten
Medium garen. Jetzt aus dem Ofen nehmen und ein
paar Minuten ruhen lassen, noch heiß servieren.

CHILI CON CARNE MIT KAFFEE

Zutaten für 6 Personen

200ml Espresso

1 EL Backkakao

300ml dunkles Bier

500g Rinderhackfleisch

500g Rindergulasch

800gr geschälte Tomaten

3 Dosen Kidneybohnen à 400g

2 Zwiebeln

3 Knoblauchzehen

160g Tomatenmark

200ml Rinderbrühe

3 EL braunen Zucker

1/2 TL Chilipulver

1/2 TL Oregano

1/2 TL gemahlener Koriander

1/2 EL gemahlener Kreuzkümmel 30ml Öl

Pfeffer

Salz

Zubereitung

Zuerst die Zwiebeln und den Knoblauch schälen und fein würfeln. Anschließend das Öl in einem grossen Topf erhitzen und beides darin anschwitzen. Dann die Fleischwürfel und das Hackfleisch hinzufügen und 10 Minuten anbraten. Nun bis auf die Kidney-bohnen alle übrigen Zutaten hinzufügen und bei niedriger Hitze 1,5 Stunden schmoren. Zwischendurch immer wieder umrühren. Jetzt die Bohnen dazu geben, abschmecken und nochmals 30 min köcheln lassen. Bei Bedarf mit Bier oder Brühe aufgiessen und nochmals mit Chili nachwürzen.

Tipp: Wer mehr Gemüse mag: auch Mais, Spitzpaprika und schwarze Bohnen passen vorzüglich in dieses Gericht

AMERIKANISCHE WÜRZSOSSE MIT KAFFEE UND COLA
für die Grillparty (zum Marinieren von Fleisch sowie als Dip zu verwenden)

Zutaten

250ml starker Kaffee

250ml Coca Cola

250ml Ketchup

2 Knoblauchzehen

1 Zwiebel

1 EL Butter

Ingwer

Kräuter der Provence

Chilipulver

Braunen Zucker

Speisestärke

Pfeffer

Salz

Zubereitung

Zunächst die Zwiebel und den Knoblauch schälen und fein würfeln. Dann eine Scheibe Ingwer schälen, fein hacken und alles zusammen in ein wenig Butter anschwitzen. Beginne mit der Zwiebel, dann den Ingwer und zum Schluss den Knoblauch hinzugeben, damit dieser nicht verbrennt. Nun den Kaffee und die Cola Cola hinzufügen. Bei kleiner Hitze langsam einkochen lassen. Sollte die Sauce zu dünn sein, evtl noch etwas Speisestärke einrühren. Nun mit den Kräutern, dem Chili sowie Pfeffer und Salz abschmecken und bei Bedarf noch ein wenig braunen Zucker einrühren.

KAFFEEMARINADE

Zutaten

1 EL Kaffeepulver

1 EL brauner Zucker

1 EL Pfefferkörner

1/4 TL Chili

4 EL Öl

Salz

Zubereitung

Alle Zutaten in einem Mörser zerkleinern und mit dem Öl vermischen. Dann das Rindfleisch in der Marinade einlegen und mehrere Stunden im Kühlschrank ziehen lassen.

KOSMETIK MIT KAFFEE

HAARSPÜLUNG

Um einen dunklen Haarton zu verändern, ihm einen Goldschimmer zu verleihen oder zu mehr Glanz zu verhelfen gibt es verschiedene Möglichkeiten und zwar ganz ohne Chemie!

Wenn du das nächste Mal Kaffee gekocht hast, hebe bitte den Kaffeesatz auf!

4EL Kaffeesatz (je nach Haarlänge auch mehr)
Wasser

Vermische den frischen oder getrockneten Kaffeesatz mit Wasser bis eine cremige Masse entstanden ist. Diese arbeitest du nach der Haarwäsche in deine Haarlängen ein und massierst auch die Kopfhaut damit.

Lass die Kaffeepaste 10 Minuten einwirken und spüle dann mit warmem Wasser aus.

Das im Kaffeepulver enthaltene Koffein soll den Haarwachstum anregen, kräftigt das Haar und lässt es leuchten.

SEIFE

Stelle selbst eine duftende Seife mit Kaffee her! Dazu brauchst du:

500g Glycerin-Rohseife

4-5EL Kaffeesatz

2 EL Honig

Kaffeebohnen

Farbstoff

Duftöl (Zimt, Orange, Sandelholz, Vanille, Nelke...)

Bringe die Glycerinseife langsam zum Schmelzen. Wenn sie flüssig ist, rühre den Honig und den Kaffeesatz ein und füge bei Bedarf noch ein paar Tropfen Düftöl hinzu oder du verwendest Gewürze wie Zimt, Kardamom oder Spekulatius. Mische etwas Lebensmittelfarbe bei Bedarf unter. Nun die flüssige Seife in die Gießform einfüllen und zur Dekoration noch ein paar Kaffeebohnen oben aufstreuen und etwas hineindrücken.

Das Kaffeepulver wird nach oben steigen und ergibt so eine natürliche dunkle Farbschicht.

Einen Tag aushärten lassen, bevor die Seife aus der Gießform gedrückt wird.

KÖRPERPEELING

Kaffeesatz + Olivenöl

Vermische 2 EL Olivenöl mit 5 EL Kaffeesatz zu einer homogenen Masse. Es entsteht ein angenehmer Kaffeeduft dabei. Reibe den gesamten Körper mit dieser Mischung sanft ein und entferne so die alten Hautschuppen. Spüle dann das Kaffeepeeling mit einem milden Duschgel wieder ab. Dieses zart machende und pflegende Ritual kannst du wöchentlich wiederholen.

Die Kosmetik-Tipps sind dem Buch
„Kosmetik selbst gemacht" entnommen.
Capt. Swings Geheime Bibliothek

Capt. Swings Geheime Bibliothek

An einem geheimen Ort lagert ein Schatz von Büchern. In einem Labyrinth verworrener Gänge, über mehrere Stockwerke verteilt, ruhen Bände über Bände, voller Staub und dem Wissen der Menschheit. Niemand kann sagen, was uns als nächstes begegnet.
Denn eines ist sicher: Eine Ordnung gibt es nicht.

Folge uns auf:
www.captswing.jimdofree.com

(f) captswings

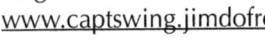 captswings

(y) @CaptSwings

Kosmetik - selbst gemacht
Es gibt viele gute Gründe, Kosmetik
selbst zu machen.

Paperback 140 Seiten   9,95 €
ISBN 9 783755 716587

Altes Brot
Man kann alte Brotreste in Vorspeisen,
Hauptgerichten, Beilagen sowie Des-
serts hervorragend weiter verwerten.

Paperback 110 Seiten 9,95 €
ISBN-13: 9783755700920

Das kleine Bruschetta-Buch
Es gibt unzählige Variationsmöglichkei-
ten, von einfach bis extravagant, von
traditionell bis zu Gourmet-Crostinis.

Paperback 96 Seiten   9,95 €
ISBN-13: 9783755701279

Liköre - selbst gemacht
Selbst gemachter Likör ist immer ein
wundervolles Geschenk aus der Küche,
welches von Herzen kommt!

Paperback 88 Seiten 8,95 €
ISBN 9 783755 715504

Märchen aus aller Welt
Band 1 Asien
20 außergewöhnliche Märchen von
Japan bis in die Türkei
Paperback 108 Seiten   9,95 €
ISBN 9 783755 748977

Latein für Alle
Wozu Latein? Nun, um sich wichtig
zu tun? Oder Wichtigtuer zu verste-
hen.
Paperback 70 Seiten   7,95 €
ISBN 9783755700265

Kürbis
Die 50 besten Rezepte
Mit Kürbis kann man fast alles ma-
chen.
Paperback 120 Seiten   9,95 €
ISBN 9783756822508

Die kleine Natron und
Backpulver Fibel

Paperback 72 Seiten   8,50 €
ISBN 9783756218158

Das unmögliche Ausmalbuch
100 geometrische Figuren, die dich in
den Wahnsinn treiben

Paperback 110 Seiten 9,95 €
ISBN 9 783755 736875

**Die 50 besten
Streichholz Rätsel**
Gut gegen Langeweile

Paperback 78 Seiten 8,95 €
ISBN 9 783755 780618

**Yi Jing Das chinesische Weis-
heits- und Orakelbuch**
Über 3000 Jahre gesammeltes
Wissen.
Paperback 88 Seiten   9,95 €
ISBN 9 783755 716594

**Achtsamkeit
30 Methoden Dein Leben zu
verbessern**
Paperback 78 Seiten 8,95 €
ISBN 9783755761617

Das LSD Tattoo
und andere urbane Legenden
die zu schön sind, um wahr zu
sein.

Paperback 72 Seiten   7,95 €
ISBN 9783755710998

Ballonspiele
Du kennst mich schlaff, du kennst
mich rund, ich mache alle Feste bun-
t.Jetzt hol tief Luft und pust´ mich
auf, denn spielen kannst du mit mir
auch!

Paperback 72 Seiten 7,95 €
ISBN 9783755716587

…und das ist erst der Anfang.

Capt. Swings
Geheime Bibliothek